Né en 1975, Alexandre Jollien a vécu dix-sept ans dans une institution spécialisée pour personnes handicapées physiques. Philosophe et écrivain, il est l'auteur d'une œuvre qui s'attache un lectorat toujours plus large depuis *Éloge de la faiblesse* – Prix de l'Académie française, avec notamment *Le Métier d'homme, La Construction de soi, Le Philosophe nu* et *Petit Traité de l'abandon*.

Éloge de la faiblesse
Éditions du Cerf, 1999
Marabout, 2011
Ouvrage couronné par
l'Académie française

Le Métier d'homme
Seuil, 2002
repris sous le titre
Le Métier d'homme
suivi d'un entretien inédit avec Bernard Campan
« Points Essais » n° 705, 2013

La Construction de soi
Un usage de la philosophie
Seuil, 2006
et « Points Essais » n° 680, 2012

Le Philosophe nu
Seuil, 2010
et « Points Essais » n° 730, 2014
Prix Pierre-Simon – Éthique et société
et prix Psychologies – Fnac

Petit traité de l'abandon
Pensées pour accueillir la vie telle qu'elle se propose
Seuil, 2012

Trois amis en quête de sagesse
(avec Christophe André et Matthieu Ricard)
L'Iconoclaste/Allary éditions, 2016

La Sagesse espiègle
Gallimard, 2018

À nous la liberté !
(avec Christophe André et Matthieu Ricard)
L'Iconoclaste, 2019

Alexandre Jollien

VIVRE
SANS POURQUOI

Itinéraire spirituel d'un philosophe
en Corée

L'Iconoclaste/Éditions du Seuil

TEXTE INTÉGRAL

ISBN 978-2-7578-6440-1
(ISBN 978-2-02-105421-7, 1re publication)

© L'Iconoclaste et les Éditions du Seuil, 2015

À Romina Astolfi,
Au père Bernard,

Prologue

À l'heure de commencer ce journal, j'ai à cœur de ne pas oublier tous les êtres qui souffrent à travers le monde. Des hommes et des femmes apprennent que leurs jours sont comptés, des enfants meurent de faim, des malades endurent mille et un tourments et des millions d'êtres humains se *débattent* dans d'immenses détresses. Entrer dans une vie « sans pourquoi », c'est avant tout se dédier à autrui, s'engager *pour* son prochain, essayer d'apporter un peu de joie et d'amour dans cet océan de souffrances.

Nous sommes invités à mettre toutes les chances de notre côté quand il s'agit de tenter le saut *fatidique* : perdre un à un nos conditionnements, mourir chaque jour à nous-mêmes et nous donner toujours plus intensément. Car la pratique spirituelle ne tolère ni amateurisme ni improvisation. J'ai donc tout abandonné pour venir en famille à Séoul. J'ai eu besoin d'un maître, et d'un costaud vu l'étendue des dégâts : sévère insatisfaction, difficulté à vivre un vrai abandon, vie déconnectée du corps. Depuis presque dix ans, je me lève et la vieille rengaine reprend : « J'en ai marre. » Sans compter que je suis encore très loin du pur amour désintéressé…

J'ai cherché éperdument un père spirituel. Je l'ai *trouvé* en Extrême-Orient. S'il avait habité Abidjan, Jérusalem, Fès ou n'importe où sous le soleil, nous ne serions certainement pas aujourd'hui au sommet de cette tour de quinze étages à Mapo. Mon cœur a tout de suite senti que celui qui pouvait m'aider sur la voie devait être d'une immense bonté et d'une sagesse abyssale : être à la fois un prêtre catholique et un maître zen. Autant dire que de tels guides ne courent pas les rues.

La foi en Dieu, qui ne m'a jamais quitté, a trouvé dans la rencontre avec le bouddhisme un puissant élan et j'ai désiré approfondir le dialogue. Le zen me ramène chaque jour au corps, au silence, à la paix, à une existence plus simple et moins automatique.

C'est en Belgique, à l'occasion d'une retraite sur la méditation et les Évangiles, que j'ai fait la connaissance de celui qui allait devenir mon maître. Depuis, j'ai commencé une véritable ascèse et je me suis engagé dans un itinéraire de libération. La pratique que j'ai *choisie* se méfie des mots. Le philosophe a donc dû apprendre à se taire et à renoncer à ses théories pour descendre au fond du fond, dans l'intériorité. Le père m'a conseillé de pratiquer zazen chaque jour, de nourrir une profonde vie de prière et de fréquenter les Évangiles. Alors commença la grande aventure, âpre, désertique même. Il s'agissait de raboter, de décaper, de perdre les repères et cette fausse sécurité, bref de me dégager des soucis sans sauter à pieds joints dans l'insouciance. Sur la route, aucune extase, pas de *satori*, mais un appel toujours plus vif à laisser passer les peurs, l'agitation. Et une invitation quotidienne à me jeter davantage en Dieu.

Pour l'heure, nous voilà en famille dans le quartier de Daeheung au cœur de la capitale sud-coréenne. Je n'oublie pas la première *gifle* que j'ai reçue à mon arrivée. À peine posées mes valises, j'ai accouru auprès de mon maître. Et tandis que nous étions partis pour une longue marche, j'ai voulu lui confier mes troubles. Ses paroles magistrales ont tout de suite donné le ton du périple : « Alexandre, parler vous fatigue. Gardez le silence. Ne le brisez que si c'est vital. » Et dire que je venais de faire près de neuf mille kilomètres pour glaner du réconfort… Les séances de décapage avaient démarré et j'ai compris que la consolation véritable devait naître du dedans !

Alors, je me suis mis à méditer treize heures par semaine et à communier au saint sacrement chaque lundi en ressentant ce mystère comme l'incarnation très vivante d'un Dieu dans le quotidien. Et le zen m'enseigne qu'aucun geste n'est banal. Tout peut mener à l'union à Dieu. Le reste du temps, je vis, je m'occupe des enfants, j'écris, je pratique zazen, je prie encore et toujours.

L'Évangile m'indique une direction sûre : « Si quelqu'un veut venir à ma suite, qu'il se renie lui-même, et qu'il prenne sa croix, et qu'il me suive[1]. » Alors pourquoi, dans les lignes que voici, le *moi* reviendra-t-il si souvent ? Jusqu'à la forme de cette confession, tout le rend presque omniprésent. C'est que j'ai toujours, sauf à couler et à m'enfoncer dans le désespoir, considéré les tourments de mon âme et ma condition de personne handicapée, comme une vocation, une nécessité radicale et aiguë d'expérimenter le monde. Pour grossir le trait, mais à peine, je suis une sorte de cobaye… Dès lors, le *moi*, loin d'être haïssable, devient une espèce d'atelier spirituel où s'éprouvent très concrètement la pratique, l'ascèse et la profondeur des progrès.

---

1. Luc 9,23.

« La rose est sans pourquoi, elle fleurit parce qu'elle fleurit, n'a pour elle-même aucun soin, ne demande pas : suis-je regardée[1] ? » Pour me *cramponner* à la rose, j'ai décidé de larguer les amarres, de prendre un peu le large, et de recommencer à zéro.

Vivre sans pourquoi, s'extraire un peu de la dictature de l'après. Apprendre à exister sans être complètement conditionné par le regard d'autrui et, surtout, pratiquer pratiquer pratiquer, voilà la principale occupation de notre séjour ici ! Il est l'heure de risquer le grand saut, de se jeter à l'eau et d'oser une vie à l'abri des pourquoi...

J'ai à cœur de livrer ici les grandes étapes de cet itinéraire spirituel qui ne m'a pas laissé indemne et m'a heureusement *déboussolé*. D'où cet humble carnet de route où je consigne les fruits de cette aventure. Elle est née du désir de suivre le Christ et le Bouddha dans le terreau du quotidien.

---

1. Angelus Silesius, *Le Voyageur chérubinique*, Paris, Rivages poche, 2004.

Sous la protection du Bouddha
et de Jésus

La voie que j'emprunte ici n'est pas des plus faciles, ni des plus confortables. D'un côté, les bouddhistes *se plaignent* que je ne sois pas assez bouddhiste, sans comprendre que je crois en un Dieu qui s'est révélé en la personne de Jésus. De l'autre, certains chrétiens me reprochent sévèrement d'emprunter des chemins de traverse en suivant les pas du Bouddha, me rappelant que Jésus avait dit qu'il était « le Chemin, la Vérité et la Vie[1] ».

Un jour, un jeune homme m'a complètement rassuré : « Dis donc, toi, t'es balaise ! À mon avis, tu n'as aucun souci à te faire ! Tu es protégé du Bouddha et de Jésus. »

---

1. Jn 14,6.

Les Quatre Nobles Vérités
de l'Ecclésiaste[1]

Des bouquins, j'en ai avalé, comme un camé cherchant fiévreusement un *shoot* pour se calmer. C'est la lecture de l'Ecclésiaste, où l'auteur enquête sur le sens de la vie humaine, qui a mis fin à cette addiction en déclarant vaines, futiles et inefficaces toutes consolations factices. Je dois à ce livre de l'Ancien Testament le peu de paix qui m'habite et la sérénité du malade qui se sait atteint d'un mal incurable.

La fuite, la course et l'espoir réduits en miettes ont en effet laissé place chez moi à une curieuse détente, fruit d'un singulier miracle. Jour et nuit, j'ai longtemps cherché des solutions. Il n'y en a point et voilà qui me console : je suis handicapé et c'est sans issue ! Le croirait-on ? L'irréversibilité de mon infirmité m'apaise à un point difficile à imaginer. Si j'avais ne serait-ce qu'une infime possibilité de guérir, en tous sens je m'agiterais. Courant à droite et à gauche. On me verrait partout

---

1. L'Ecclésiaste est sans doute le livre de la Bible qui, avec les Évangiles, me décape le plus et me convertit à chaque instant. L'auteur, Qohélet, se présente comme le roi d'Israël. Sa conclusion est radicale : tout est vanité sous le soleil. Le *pessimisme* fameux de Qohélet viendrait-il débboulonner toutes nos certitudes pour que nous puissions librement nous jeter en Dieu ?

chercher la lueur d'un petit mieux. Rebouteux, charlatans, thaumaturges, magiciens, médecins, guérisseurs en tous genres, j'essaierais tout. Mais dans mon cas, c'est vain. Je n'ai qu'une chose à faire : dire oui à l'instant qui se présente. Quelle redoutable école de sagesse que de dire oui sans se résigner ! Là où ça coince, c'est quand un sort meilleur est possible car alors il m'est difficile de rester patient, je voudrais un mieux *tout de suite*.

Je suis venu à Séoul pour guérir intérieurement et j'apprends à me réjouir malgré mes maux « indécrottables ». En somme, je danse avec l'impermanence. Dissimuler à un malade l'étendue de ses blessures et l'inefficacité des remèdes qu'il avale n'est pas sans danger. La rencontre avec Qohélet fournit un remède joyeux et tonique pour ces malades incurables que sont les mortels.

De l'Ecclésiaste, je retiens quatre nobles vérités. La première est célèbre : « Vanité des vanités, tout est vanité[1]. » Ces paroles de feu me réconcilient avec le réel, sa bonté et son imperfection. Tant qu'on refuse de se réveiller chaque matin dans un monde injuste et tordu, on se prend dans la figure des coups qui, à la longue, nous laissent plus ou moins sonnés. Quand je me complique l'existence pour des broutilles : « Vanité des vanités, tout est vanité. » Lorsque je me fixe dans un rôle ou que je joue un personnage : « Vanité des vanités, tout est vanité. »

---

1. Ce refrain ponctue l'Ecclésiaste non moins de trente et une fois, *cf.* Qo 1,2 ; 1,14 ; 2,1 ; 2,15 ; 5,9 ; 7,6… Le terme hébreu *hébel* selon la traduction de la Bible Osty désigne le souffle mais aussi tout ce qui est léger, inconsistant comme de la buée, vide. Parmi ces différentes acceptions il désigne tour à tour la déception, la sottise, la déraison et l'injustice.

L'autre jour, mon fils m'a demandé ce qu'était la vanité. Je lui ai tenu à peu près ce langage : « Augustin, tu vois le jouet à côté de ton lit, eh bien il peut se casser du jour au lendemain. Papa va prendre l'avion, il suffit d'une bricole et tout pète. Il n'y a rien de sûr dans la vie, rien n'est solide et c'est cela qui est miraculeux », « Joue à fond avec ton jouet ! Profite un max de ton papa ! », « Qohélet a dit[1] : tout est fragile comme de la buée, de la fumée, une bulle de savon qui, dès que tu veux la saisir, t'explose à la figure. Ça tient du miracle qu'on soit tous vivants. Stressés ou pas, anxieux ou pas, nous allons tous y passer ! Je te dis : profite au maximum de jouer, ne perds pas de temps à t'énerver et surtout sois généreux avec les autres ! Ce n'est facile pour personne de vivre dans un monde où tout peut s'interrompre à tout moment. Alors autant être bon avec les autres, ils sont embarqués sur la même galère. »

La deuxième vérité que je retire de cette vivifiante lecture, c'est le fameux : « Il y a un temps pour tout[2]. » Rien n'est jamais figé, l'éternité se joue dans l'instant. Il y a un temps pour rire et un temps pour pleurer. Si, quand je ris, je crains déjà que ça ne s'arrête et si, lorsque je pleure, j'ai peur que ça dure toute ma vie, dans les deux cas je me tire une balle dans le pied. Et j'ajoute de la souffrance à la souffrance. L'Ecclésiaste me montre que tout est impermanent : joie, plaisir, douleur, peur, succès… Le problème n'est pas tant que tout passe mais que je ne sais pas laisser passer. Le diagnostic est édifiant : tout est vanité, chaque moment de l'existence tient de l'éphémère. Et plus je m'accroche, plus je morfle.

---

1. Qo 5,12-15 ; 9,11.
2. Qo 3,1-8.

D'où l'exercice capital : oser la non-fixation, ne pas s'agripper au passé, mais se donner corps et âme à l'instant, se laisser renouveler par lui.

La troisième noble vérité postule que l'homme juste est une *denrée* plutôt rare[1] en ce bas monde. À Séoul, l'Ecclésiaste a au moins un fidèle. L'autre jour, un moine bouddhiste à qui je demandais de l'aide pour me faire des amis m'a lâché cette formule lapidaire : « La compagnie des désaxés rend malheureux. » En gros, il m'a expliqué que l'homme ou la femme qui ne s'était pas suffisamment éveillé intérieurement s'apparentait dangereusement à un cactus et que, dans le jeu mondain, il fallait s'attendre tôt ou tard à être piqué. Loin de me vacciner contre mes congénères, cette image a le mérite de m'inviter à arrêter de faire peser sur ceux qui m'approchent mes attentes et mes traumatismes, à rencontrer mon prochain, non par besoin mais par pur amour. Gratuitement, sans pourquoi. Quelle stimulante ascèse que de laisser de côté notre désir de plaire, notre volonté de puissance pour habiter plus paisiblement au pays des cactus.

La quatrième noble vérité découle de la deuxième. Comme l'Ecclésiaste le répète à l'envi, *il faut* jouir sous le soleil[2], profiter de la joie simple d'exister, de pouvoir embrasser sa femme, ses enfants, apprécier de boire et de manger. À première vue, cela paraît basique. Pourtant tout, ou presque, s'y oppose : l'insatisfaction, le mental qui détruit tout, les peurs, la tyrannie de la comparaison et les névroses qui nous coupent d'une vie sobre et naturelle.

_____

1. Qo 7,20.
2. Qo 2,24 ; 3,12 ; 3,22 ; 4,6 ; 5,17 ; 7,3 ; 9,7 ; 11,7.

« Dans l'homme existent un amour, une douleur, une inquiétude, un appel, de sorte que s'il possédait les cent mille univers, il ne pourrait trouver le calme et le repos. Les gens exercent tous les métiers, tous les commerces, et procèdent à toutes sortes d'études : médecine, astronomie, etc. ; mais ils ne peuvent trouver le repos, car leur but n'est pas atteint[1]. » Que les mots du mystique persan Rûmî viennent m'apaiser !

Savoir que l'on emprunte une fausse route, c'est déjà se libérer.

---

1. Rûmî, *Le Livre du dedans*, Paris, Sindbad, 1976.

Savoir que l'on emprunte
une fausse route,
c'est déjà se libérer.

S'avancer nu

Vertigineux défi : essayer de conduire une vie moins automatique, plus simple, plus naturelle, plus libre, se rapprocher des autres, tuer l'ego, oser l'abandon. Y aller carrément ! Et, par-dessus tout, se jeter en Dieu. Pourquoi voir en lui une encombrante mauvaise conscience, un juge qui condamne, une « vache à lait » dirait Maître Eckhart[1], ce dominicain du XIIIᵉ siècle ? Quelle perversion a trahi le message du Christ ? Si Dieu existe, je pressens qu'il est notre libérateur, notre déculpabilisateur par excellence. Au début, je parlais au Très-Haut et j'avais cette fâcheuse impression de m'adresser à un mur jusqu'à ce que saint Augustin[2] m'enseigne qu'Il était « plus intime à moi-même que moi-même ». Depuis, et grâce au zen, doucement je prête l'oreille. Aujourd'hui, sur mon lit, tandis que je suis écrasé par la fatigue et que ma nuque me laisse peu de répit, Il est là. Je Le devine qui contemple avec un infini amour ma vaine tentative de bricoler ma vie. Je parie qu'Il rit de la façon qu'a mon petit moi de se bagarrer contre les tracas du jour.

---

1. Maître Eckhart, *Les Sermons*, Paris, Albin Michel, 2009, sermon allemand 16b.

2. Saint Augustin, *Les Confessions*, III, VI, 11.

Prier, c'est avancer nu sans avoir peur du jugement et considérer le quotidien avec des yeux amusés et confiants. Des yeux espiègles comme ceux d'un enfant. Cesser de se regarder, pour se jeter tout entier dans l'action. Sous la douche, apprécier l'eau qui coule avec reconnaissance. Nettoyer ce corps avec gratitude. Rien n'est banal.

Nous ne sommes pas
les maîtres à bord

Sur ma table de nuit trônent une douzaine de livres. Cela fait dix ans que je n'arrive plus à tenir un bouquin, mais j'en achète à tout bout de champ. Qu'il est dur de résister à la tentation et de ne pas meubler le vide ! Alors qu'en réalité, je peux *lire* dans chaque chose, chaque visage, chaque moment de l'existence, lire aux toilettes, lire sous la douche, lire en jouant avec les enfants, lire la vie.

Les privations viennent avant tout du mental. Je suis harassé, mais ça ne me poserait aucun problème si tout le monde était comme moi. C'est la comparaison qui crée le manque. Je suis fatigué, mais d'autres à côté peuvent lire, écrire, courir. Me voilà jaloux et envieux. Prier, en somme, c'est se libérer, arracher joyeusement les comparaisons, le désespoir et l'ennui comme on quitte un vêtement.

Je suis bien loin de tourner bigot car, même si je crois en Dieu, les découragements quotidiens, les épreuves et tout ce fatras passionnel qui habitent un cœur me laissent bien souvent complètement désemparé, seul. Le doute me protège contre la tentation de faire de Dieu une idole. Je ne sais pas qui est Dieu. Je sens une présence discrète, c'est tout. La vie va au-delà de ce que l'on en perçoit. Nous ne sommes pas les maîtres à bord. Sur la route, désir avide et amour-propre nous empêchent d'être heureux.

Depuis que je ferraille l'ego avec le père, je m'aperçois que j'ai toujours compris l'injonction à faire la volonté de Dieu comme une privation. Pour moi, auparavant, faire la volonté de Dieu, c'était me passer de nourriture, être généreux par devoir, me refuser les plaisirs, me priver. Désormais, se convertir, c'est peut-être considérer la divine volonté comme une joie, une dynamique, un élan. Se lever le matin, célébrer la vie, dire « j'en ai marre » sans arrière-pensées. C'est magnifique, on peut en avoir ras le bol et être profondément heureux. Surtout, s'oublier un peu. Attention, s'oublier et non se négliger ! La volonté de Dieu, ce n'est pas seulement d'accepter autant que possible les tuiles et les épreuves, mais aussi d'apprécier à fond le sourire de mes enfants. Bêtement, j'ai cru qu'il fallait dire amen à tout, et même, et surtout, au pire. Aujourd'hui, humblement, je commence à savourer la vie quand tout va bien et j'apprends à plonger dans la confiance.

Laisser être

Ce matin, lors de la méditation, je n'en menais pas large. La peur de bouger et de recevoir, par la même occasion, une volée de bois vert accroissait encore mes spasmes et tout mon corps remuait de plus belle. J'ai tout essayé jusqu'à marteler dans ma tête comme un mantra le fameux verset : « Vanité des vanités, tout est vanité. » Rien n'y faisait, je bougeais. J'ai fini par me livrer à un exercice de calcul mental pour chasser les obsessions : $4 \times 4 = 16$; $6 \times 6 = 36$…

Ce fut ma première leçon de zen : m'apercevoir que, lorsque le mental panique, la raison, la volonté ne peuvent plus grand-chose. Il faut alors trouver un stratagème, oser un petit détour, se décentrer de cette angoisse.

Autour de moi, silence complet. Dix Coréennes dans une posture impeccable, de vraies statues à la respiration profonde et au visage impassible et doux. Même un tsunami n'aurait pas déplacé d'un pouce ces femmes rompues à une longue pratique ! Un sacré boulot m'attend ! Parfois, je tournais mon regard vers mon père spirituel. De tout mon cœur, j'espérais qu'il ne capte pas les bruits de son distrait disciple. J'avais peur, mal partout, je bougeais, je transpirais. Et soudain, en mon esprit, une réflexion a fusé : mais si Dieu existe, qu'est-ce qu'il en a à faire que tu bouges ou pas ? Et quand bien même ton maître hurlerait, ce n'est que du vent sorti d'une bouche. Ne suis-je pas là pour me libérer de tout et surtout du poids du regard de l'autre ? Tout à coup, ça a lâché. Le grand calme, une paix profonde m'ont envahi. Je ne bougeais plus. Ce que je voulais arracher de haute lutte m'a été donné, comme par grâce. La trêve fut toute provisoire et une voix a brisé le silence : « Alexandre, vous n'avez pas fait neuf mille kilomètres pour roupiller ! On vous entend ronfler. » L'ego est très binaire, soit il est surréactif, soit il tourne en rond et s'ennuie !

Grégoire de Nysse, Père de l'Église du IVe siècle, dit que l'ascension mystique du moine le porte toujours plus vers le dedans. Si j'ai tout abandonné, c'est pour apprendre l'indépendance, me mettre à l'école d'une certaine solitude et partir à l'écoute de mon intériorité. Nuit et jour, je crois avoir des comptes à rendre à Dieu, aux autres. Comment descendre au fond du fond et cesser d'être téléguidé ? De l'extérieur, méditer paraît complètement dingue : rester six heures d'affilée à compter les respirations et observer les pensées qui s'enchaînent. Dire oui à tout ce qui se présente, accueillir le chaos de ses traumatismes sans intervenir, sans même vouloir guérir quoi que ce soit. Depuis que je suis ici, le chaos me trouble moins.

Au lieu de m'éreinter à tout gérer, *laisser être*. D'ailleurs, ce furent les premières paroles de mon père spirituel. Il me rappelle la liberté du Christ. Si seulement je L'imitais un petit peu, je trouverais la légèreté et l'aisance dès cette vie. Lorsque je m'égare, que je cours après les honneurs ou même un peu de reconnaissance, lorsque je me perds en courbettes ou quand la peur de déplaire

25

m'assaille, je n'ai finalement qu'à relire ce que les partisans d'Hérode disaient du Christ. C'est plus précieux qu'une bibliothèque de livres de développement personnel : « Tu es toujours vrai et tu enseignes le vrai chemin de Dieu ; tu ne te laisses influencer par personne, car tu ne fais pas de différence entre les gens[1]. » C'est fou, dès que j'observe le père, je découvre un enseignement. Liberté suprême, pur amour. J'ai décidément du boulot.

J'aime cet homme. Au premier coup d'œil tout nous sépare. Il est d'une profondeur abyssale et d'un calme dont il ne se départit jamais. Très sérieux – peut-être trop à mon goût –, il vit minute après minute dans un total abandon à Dieu. Jamais il ne se perd en mots et ne dévie de sa sérénité. En face, j'ai l'air d'un rigolo.

Donc, suivre à fond ce guide et me donner corps et âme à la pratique du zen. Et pour aujourd'hui, retenir cette leçon : m'alléger du poids du regard de l'autre.

Carburer au désir de plaire n'est pas très loin de l'esclavage. Dans ce monde de vanité où tout peut s'écrouler, il me faut me rapprocher d'un amour inconditionnel, et le propager autour de moi. Il n'y a pas à mériter l'amour de Dieu, c'est une grâce infinie. Puissé-je, à mon tour, ne pas exiger de conditions pour donner mon amour à mes enfants, à ma femme Corine et à tous ceux que je croiserai ici. Un lavage de cerveau méthodique avait fini par me faire croire qu'il fallait être parfait pour être aimé et avoir droit au bonheur ! En me quittant, le père récapitule : « Vous êtes ici pour tuer les idoles, y compris ce que vous trimballez à propos de la spiritualité et du zen. » Alors, en route !

---

1. Mt 22,15-21.

Vanité et pâture de vent

Enfant, j'écoutais l'Ecclésiaste à la messe et je prenais Qohélet pour un rabougri, un rabat-joie, un blasé, une âme chagrine aux mille et une frustrations alors que c'est tout le contraire. Le suivre conduit à une joie parfaite. « Vanité des vanités, tout est vanité. » Généralement, de lui, on ne retient que cela, c'est déjà pas mal. Il m'aide à me libérer des tonnes d'illusions qui m'empêchent d'ouvrir les yeux.

Entre le désespoir et la magie de la méthode Coué, s'ouvre un chemin qui autorise une allégresse pure. J'aime quand Qohélet n'y va pas de main morte avec la condition humaine : « La première application que je fis de mon esprit fut de rechercher et d'examiner avec soin tout ce qui se passe sous le soleil. J'arrivai bientôt à reconnaître que c'est la pire des occupations que Dieu ait données aux fils d'Adam pour s'y user. Ayant vu, en effet, toutes les choses qui se font sous le soleil, je n'y trouvai que vanité et pâture de vent[1]. » Ce brutal rappel à l'ordre me conforte. Je sais à quoi m'en tenir. C'est aussi dans le tragique que je dois cueillir la joie, c'est dans ce monde cruel,

---

1. Qo 1,12-15.

injuste et précaire qu'il me faut exercer mon métier d'homme.

Quelle est donc la première application que je dois m'assigner au Pays du matin frais ?

Guérir de l'idée de guérir

J'ai passé au moins les trois quarts de la matinée à ruminer. Et dire que j'ai fait neuf mille kilomètres, que j'ai tout laissé pour apprendre à méditer… Mais je ne suis pas venu pour rien. Je commence à repérer mes ennemis redoutables et féroces. S'il fallait tordre le cou à des adversaires c'est sur eux que je m'acharnerais : l'ennui, la lassitude, le manque, l'insatisfaction… poussés à leur paroxysme. Ils me jettent certains jours dans un état où je n'ai d'autre choix que de m'écrier : « J'en ai marre de moi-même. » C'est déjà un progrès : cesser d'accuser le monde de son mal-être. Sortir des cercles vicieux, rompre avec les habitudes et cet insatiable besoin de consolation. En Corée du Sud, je vis sans l'armée de médecins qui m'entouraient et je ne m'en porte pas plus mal. Je commence à comprendre qu'aucun docteur ne peut me guérir. Et peu à peu, je guéris de l'idée de guérir.

« On ne peut redresser ce que Dieu créa courbe, ni faire quelque chose avec ce qui n'est pas[1]. » Dans ce verset vibre un sacré espoir : l'inflexibilité du monde nous dégage d'un poids et d'une responsabilité intenable.

---

1. Qo 1,15-17.

Il n'y a plus rien à perdre si tout est déjà perdu. Débarrassé des obsessions, on peut alors se rendre disponible à ce qui arrive. La grande santé, c'est de faire avec ses faiblesses, ses maladies, ses maux incurables, les mille et une blessures qui nous rongent. Lutter, s'engager, être solidaire, c'est possible. Même, et surtout, si tout est injuste et se casse la gueule.

Je commence à comprendre
qu'aucun docteur
ne peut me guérir.
Et peu à peu, je guéris
de l'idée de guérir.

Avancer, toujours

S'approcher d'une vie sans pourquoi, ce n'est pas congédier toute pensée. Au contraire. C'est ne plus être esclave des projets et cesser de nous enchaîner à des objectifs. Exister juste un peu plus dans le présent, loin de la tyrannie de l'après.

Dans la vie spirituelle, on ne saurait verser dans le tourisme et choisir ses maîtres, comme on fait ses courses. Aujourd'hui, le Bouddha nourrit le disciple du Christ que je suis, et je dirais même que ce séjour en Extrême-Orient a produit comme un appel d'air, une soif de mes origines. Pour commencer à le suivre, il suffit finalement de pas grand-chose, et surtout pas de la panoplie qu'enfilent quelques excentriques imitateurs. Emprunter sa voie, observer sa morale, habiter sa doctrine, ce n'est pas forcément devenir bouddhiste. Mais qu'est-ce qu'un bouddhiste ? Un chrétien ne peut-il pas risquer, lui aussi, la non-fixation ? Tenter de se mettre doucement et radicalement à l'école du silence ? Avancer allégrement dans la voie de l'action ?

Je m'aperçois qu'être bouddhiste ou chrétien est d'une exigence extrême. Jamais on ne peut crier victoire et s'installer. Toujours il s'agit de se mettre en route, d'avancer. Et c'est cela qui est décapant et beau !

Radeau provisoire

« Beaucoup de sagesse, beaucoup de chagrin, beaucoup de sens, surcroît de douleur[1]. »

Si nous avons embarqué à bord de la Korean Air, c'est pour chercher la sagesse. Et d'abord, voir de quoi elle retourne. Pour ne rien cacher, disons que je suis venu à Séoul comme on foncerait dans un hôpital psychiatrique quand on n'en peut plus. De quoi ? D'un ego fatigué, vorace, avide !

Ici, le paradoxe semble atteindre des sommets : il faut des règles, un radeau provisoire pour *voguer* sans pourquoi et progresser vers le détachement. Tout laisser aller. Vanité des vanités, tout est vanité, même mon fichu radeau provisoire. Le problème, c'est que j'aimerais emporter avec moi confort, sécurité, douceur. Bref, de quoi faire couler ce radeau pour de bon !

La sagesse exige un art de vivre, une pratique quotidienne, des gestes concrets.

---

1. Qo 2,1-18.

On croit entendre le Grand Rinzaï[1] nous réveiller : « Adeptes, il n'y a pas d'efforts dans la loi du Bouddha. Le tout est de se tenir dans l'ordinaire, et *sans affaires* : chier et pisser, s'habiller et manger[2]. »

---

1. Maître zen, fondateur de l'école du même nom.
2. Claude Durix, *Cent clés pour comprendre le zen*, Paris, Le Courrier du Livre, 1991, p. 184.

Retrouver l'innocence de l'enfant

Devant les tracas quotidiens, le mental a tôt fait de nous perdre : « Regarde papa, le frigo est complètement cassé, l'eau coule par terre et notre ami Alosyus ne panique pas. Regarde comme il est assis en tailleur. Il a une serpillière à la main, il essuie l'eau sans paniquer. »

On ne saurait travestir l'essence du zen par des théories. La mystique prend naissance dans l'esprit de tous les jours. Quand il y a un problème, mieux vaut éviter de se noyer dans la rumination. Quel souverain courage et quel héroïsme pour ne plus interpréter ou commenter le réel et retrouver l'innocence de l'enfant qui se perd totalement dans ce qui est ! Ce qui s'applique à un frigo reste vrai pour les pesanteurs, les blessures, les rechutes qui ne manquent pas de pointer leur nez alors même que nous sommes terrassés par le découragement.

Ne pas commenter, dire oui et poser des actes.

Le plus grand repos coïncide avec les vacances de l'ego. Quand l'avidité s'en va, lorsqu'un véritable altruisme nous habite, il n'y a plus d'efforts à faire pour aller vers son prochain.

L'amour, la non-fixation, le détachement, voilà l'itinéraire !

Par où commencer ?

Vivre sans pourquoi, qu'est-ce que c'est concrètement ? Tout d'abord, dès qu'une difficulté se pointe, arrêter de se poser trop de questions, bannir les « j'aurais dû » et les « ah, si seulement ! » pour mieux épouser le réel sans chercher midi à quatorze heures. Si j'ai débarqué dans cette ville du nord-est asiatique, ce fut aussi pour me libérer des projets, des objectifs, des attentes. Les exigences du quotidien, se tenir en joie autant que possible, bien accomplir sa vocation de père de famille, c'est déjà pas mal. Ensuite, *gérer* cet envahissant regard d'autrui ! À ce propos, mon maître m'a encore rappelé : « Hyecheon ! Vous en êtes encore là, à exister à cause des autres ? » Ici, logiquement, je n'ai rien d'autre à faire à part écrire, méditer et m'occuper des enfants.

Une loi accablante pèse sur nos épaules : plus on a d'objectifs dans la journée, plus on est bouffé par le stress.

Vivre sans pourquoi, ça commencerait donc par quoi ?

Un pas après l'autre

De ton corps et de ton âme, tu prendras grand soin !

C'est peut-être par le corps qu'il faut démarrer. Évidemment, pour moins souffrir, je suis tenté de me désincarner. Le sexe, les attirances, les pulsions, la douleur font partie du chemin. Je suis venu à Séoul pour me retaper. Mais bien qu'épuisé, j'ai du mal à stopper cette course effrénée. Les mauvaises habitudes s'attrapent vite et s'en défaire est une autre paire de manches ! Pour guérir un peu, je me rends presque quotidiennement au fitness de la Tortue. En voilà un nom ! Beau présage, vaste programme : progresser à l'allure d'une tortue. Le zen parle de la marche de l'éléphant. C'est mon animal préféré. Le voir évoluer dans la savane m'inspire : un pas après l'autre, il avance, traînant mollement sa trompe. Il tient bon en prenant appui fermement sur le sol. Je veux l'imiter. Non plus courir, mais marcher en posant méticuleusement les pieds et, pour tenir le coup, ralentir.

Pour maintenir le cap sur ce tapis roulant sans s'épuiser, se rappeler que la volonté n'est pas le moteur mais le gouvernail de l'effort et se laisser porter. Ce corps humain est miraculeux : je marche, ça marche tout seul. Ici et maintenant, je cours, je m'essouffle, je transpire. Rien ne manque.

Se tourner vers son prochain

Dans une queue immense, nous attendons notre tour pour obtenir la fameuse *Foreign Card*. Sans ce sésame, pas de sécurité, pas de logement, pas d'école, pas d'abonnements téléphoniques, pas d'Internet ! Perdre ses repères et apprécier la solidarité. Je vis grâce à un boulanger coréen qui fait cuire des baguettes, grâce au fast-food du coin, grâce à tous ces inconnus qui m'indiquent du doigt le chemin pour retrouver ma maison. Jamais je ne regarderai un étranger comme avant.

Il y a quelque chose de risible à me voir mimer les mots à grand renfort de gesticulations pour acheter un produit de douche, une brosse à dents et, plus délicat peut-être, un baume contre la toux. Vivre sans pourquoi, enfin ! Parfois, je traîne mes baskets dans un quartier où je suis carrément le seul Européen de type caucasien. Des sourires m'accueillent, jamais de moqueries. À y regarder de plus près, habiter à neuf mille kilomètres de chez soi n'a à peu près rien changé : la soif du mieux, de l'après, l'intranquillité, voilà ce que je dois quitter ! Et l'exercice exige tout de même un minimum : être bien entouré, suivre une pratique spirituelle assidue et toujours se tourner vers son prochain.

Dans le métro, ce matin, un homme m'a accompagné sur cinq cents mètres pour me ramener au bercail. Juste pour le geste, sans pourquoi... Aussi, dès que possible, essayer d'introduire quelques minutes de prière et de zazen. En cas de lassitude, immédiatement se consacrer à son prochain. Bon réflexe, quand on croule sous son propre poids, que d'aider autrui.

Comme si se détourner un temps de nous-mêmes nous permettait de reprendre notre souffle, de continuer. Mais il faut être terriblement libre pour soutenir gratuitement notre prochain sans vouloir le posséder ni en tirer quelque avantage. Un puissant vaccin m'y aide : « La charité doit aplanir la différence de niveau entre celui qui mendie et celui qui donne ; mais peu nombreux sont les donateurs qui savent se mettre au même niveau que les mendiants ; et si le pain est donné et servi au nom du Seigneur, cela n'ôte point toujours au pain d'autrui son effroyable amertume[1]. »

---

1. Agostino Gemelli, *Le Message de saint François d'Assise au monde moderne*, Paris, P. Lethielleux éditeur, 1935, p. 384.

Se libérer du regard de l'autre

Comment sauter à fond dans la générosité si le cœur reste tiraillé et si l'esprit ne tient pas en place ? Premier pas : apprendre à se faire vraiment du bien. Nulle évidence en ce domaine. Nous courons après le plaisir sans trouver la joie véritable.

Ici, je suis un parfait inconnu, heureusement anonyme. Aucune pression, ou si peu. Incroyable, alors que j'accompagnais la petite Céleste à la garderie, j'ai dansé avec elle la Macarena. Je n'ai pas pu m'empêcher de vérifier derrière moi si on avait aperçu mon brin de folie. Même au cœur de Séoul, je me soucie du qu'en-dira-t-on. Je donne décidément beaucoup d'importance au regard de l'autre. Un homme vraiment libre, qui vivrait sans pourquoi, s'en moquerait éperdument. Ne jamais oublier la vocation spirituelle de ce voyage. Congédier d'abord tout manquement à la simplicité.

Apprendre à accomplir les tâches ordinaires avec la plus grande sérénité possible, même quand tout va mal, voilà une étape majeure ! L'exemple des enfants n'a pas fini de nous édifier. Hier, j'ai repris ma fille pour l'exhorter au calme. Sa réponse me désarme encore : « Papa, on est des enfants, pas des bouddhas ! » Bien garder les pieds sur terre, toujours partir de ce que je suis et, surtout, arrêter de se prendre au sérieux.

Revenir à la chair

Qui dira les intimes épousailles qui lient l'esprit et la chair ? Qui portera remède à leurs divorces quotidiens ? La vie spirituelle intègre une bonne hygiène du corps ainsi qu'une ascèse intérieure.

La sagesse, je l'apprends partout, y compris dans ce vestiaire du fitness de la Tortue. Des hommes de tous âges, dans le plus simple appareil, se délassent. On se frotte pour se faire briller comme des sous neufs. Détente, trêve, repos, répit, enfin ! Le corps est sacré et mérite qu'on l'écoute. Surtout, qu'on cesse de lui infliger tant de surefforts.

« Vous avez besoin d'aide ? »

Curieux, cet homme que je ne connais ni d'Ève ni d'Adam, me nettoie de la tête aux pieds et je me laisse faire, sans pourquoi. Après avoir achevé la toilette, il s'incline pour me saluer et part. Décapante simplicité qui me remet sur pied et m'apprend que la pudeur n'est affaire que de regard. C'est la pureté du cœur.

La vie spirituelle, je le comprends, prend naissance dans le corps, dans ses pulsions, dans ses fatigues, ses envies aussi. J'observe autour de moi ces papis sportifs qui se lustrent méthodiquement. La nudité abolirait-elle les masques ? Le naturel, en tout cas, revient. Au placard les imperfections, je ne suis pas vraiment pressé de sortir !

Depuis un quart d'heure, un vieux lave une dentition rutilante. Je me dis qu'il a dû « payer un saladier » pour remettre tout ça à neuf.

Être propre et net. J'aime ce cérémonial. Faire ses ablutions, se purifier l'âme comme le corps. Aucun livre ne m'apprend ce que le fitness de la Tortue m'enseigne. Je commence à considérer ce corps comme un enfant à protéger, à chérir, à éduquer, à corriger parfois, toujours avec amour.

Pour aller vers Dieu, il faut le dire tout net, il s'agit de revenir à la chair.

Leçon de zen aux bains publics

Il y a un autre plaisir que je ne boude jamais. Pour six mille wons, je me rends avec mon fils aux *mogyogtang*, les bains publics. Un cordonnier au large sourire nous accueille d'un vigoureux : « *Welcome !* » À peine nos chaussures rangées dans les casiers, nous quittons nos vêtements. Augustin court plonger dans une sorte d'énorme bain bouillonnant. Sa tête bien-aimée semble flotter parmi les bulles tandis que je m'arrête sur la balance pour me peser. Réflexe stupide.

Ici, aucun statut social. Le père lave son enfant qui lui rend la pareille. C'est normal, c'est sain, c'est bon, naturel. Dans la vapeur, je cherche mon fils.
« Regarde autour de toi. Qui a l'air le plus détendu de tous ? »
Il observe, réfléchit à peine :
« Celui-là, papa !
– Mais comment as-tu remarqué ?
– Regarde ses épaules. Elles sont détendues ! Tu vois comme il marche ? On dirait qu'il vole ! »
Un éléphant volant, une tortue ailée…

Pourquoi courir ? Ici, le temps s'arrête. Repos à six mille wons. Allongé sur le sol, je laisse la vie être ce qu'elle est. Sans la juger, sans pourquoi, sans regret. Juste là.

Allez savoir pourquoi, le *timeli* – littéralement le « décrasseur » – ne veut pas s'occuper de moi ce matin. Me prenant par la main, mon fils déclare sans façon : « Je vais lui montrer, à celui-là, ce que ça veut dire de laver son papa ! » Deux minutes plus tard, il m'a recouvert de mousse de la tête aux pieds. En de telles minutes, c'est rare, le handicap ne pose plus aucun problème. Au contraire, je suis même assez fier d'être qui je suis. Sagesse du corps, enseignement majeur délivré par un enfant qui nettoie son papa sans pourquoi, parvenant sans le savoir, en le faisant briller, à lui rendre un peu de douceur et de légèreté. Ces yeux purs et innocents me lavent plus que tout. Aucune étiquette ne les voile. Un homme s'approche : « *It's your daddy ?* » Franc et pétillant, son *yes* m'aide moi aussi à dire oui à la vie. Enfin !

« Et maintenant, c'est qui le plus détendu ici ?
– Ben, l'autre là-bas ! Pourquoi ? »

Laisser la vie être ce qu'elle est. Sans la juger, sans pourquoi, sans regret. Juste là.

Sous le regard de l'autre

Aujourd'hui, Junho, mon ami coréen, a éclaté de rire quand je lui ai rappelé que j'étais handicapé. Il m'a installé devant son écran d'ordinateur et, incroyable, au bout de dix secondes, je me suis retrouvé sur une espèce de chaîne de télé. Voilà la grande mode ici : se filmer en train de faire la cuisine, de manger, de repasser. Se filmer pour exister ! Le malicieux Junho a profité de l'occasion pour démontrer que le handicap ce n'est pas forcément ce qui saute aux yeux. D'ailleurs, le commentaire d'une téléspectatrice l'a prouvé : « Un peu gras comme étranger… » !

Vivre sans feuille de route

Il est grand temps d'envisager vraiment la question du corps. Est-ce une idole, un boulet, un poids ou l'instrument de ma liberté naissante ? Comment jouir sous le soleil et aimer sincèrement mon prochain si je ne parviens pas à me blairer ? Je l'ai toujours cru, c'est la joie qui mène au détachement et non le contraire. Saint François de Sales débrouille les pistes quand il écrit : « Il faut prendre soin du corps pour que l'âme s'y plaise. » Faire du sport, sentir l'odeur de son enfant, boire, manger. Bref, repérer ce qui nous nourrit, ce qui nous réjouit et s'y abreuver pour maintenir le cap, continuer.

Réjouissante idée de considérer le plaisir, la joie, comme un cadeau venu d'en haut. Il n'y a pas si longtemps, je me suis méfié du plaisir car l'attachement et la dépendance ne rôdent jamais très loin. Pour faire du corps un lieu saint et sacré, les maîtres spirituels encouragent à commencer tout simplement, concrètement : « Au lit, tôt tu iras », « Pas trop, tu mangeras », « Du sureffort, tu te garderas », « Du sport, tu pratiqueras ». Chacun peut composer à l'envi son décalogue, dessiner une hygiène de vie. Comment s'élever vers le ciel avec un corps las, usé et détraqué ?

Ce périple oriental balaie les possibilités de fuir et de se divertir, et m'oblige à conjuguer ce nouveau verbe : *prendre soin de soi*. Ici, j'adore me perdre dans les quartiers de la ville. Dans le métro, sans pourquoi, je demande à mes enfants de me proposer un nombre, et on s'arrête pile à la station désignée par le hasard. Débarrassé de l'agenda, libre du temps, cette petite exception à la maîtrise me réjouit, et me déroute beaucoup. L'imprévu devient la règle. Et il me plaît que jamais, ni le Christ ni le Bouddha ne soient allés dans la vie avec une feuille de route. À part écrire et méditer, épanouir les enfants et ma femme, je n'ai rien d'autre à faire… Le sage a tout le temps du monde devant lui. Et nous, nous pouvons déjà nous interroger sur la façon d'en faire bon usage. La dispersion et la précipitation sont à bannir… mais sans précipitation !

Le sage a tout le temps du monde
devant lui.

Complet abandon

Lors de sa première escapade en famille, un *handi-capé* accroché à un pousse-pousse a connu une sorte de vertigineuse capitulation, au-delà de la peur.

Klaxons, trafic d'enfer et les enfants qui gesticulaient dur, je n'ai pas su où donner de la tête. Soudain, au milieu de ce carrefour à six pistes, j'ai senti que si je m'acharnais à vouloir maîtriser le destin, j'étais foutu.

Malgré ma prudence, je m'étais perdu dans cette ville gigantesque, sans buts ni esprit de profit comme dirait le zen. Des enfants étaient confiés à un infirme qui s'abandonnait totalement à l'instant. Et la vie prenait le relais. S'abandonner, ce n'est pas se jeter dans le danger ni baisser la garde, c'est plutôt se demander ici et maintenant, que faire ? L'impuissance m'a soudain guéri et le stress a disparu. Et j'ai même commencé à cesser de regarder ma montre et à profiter.

Je suis dans une mégapole pour apprendre à ralentir… Le feu passe au rouge ? Tant pis, j'ai le temps. Je loupe un train ? D'accord, je prends le prochain… Je poireaute des après-midi dans les bistrots pour, comme on dit bêtement, me faire des amis. Décidément, je cherche une consolation à bas prix sans oser descendre vers la paix.

Pour bien avancer, je dois comprendre qu'ici, pas plus qu'ailleurs, je n'obtiendrai de consolation extérieure.

La boussole intérieure

Je place l'amitié spirituelle au-dessus de tout. Ici, à part ma famille et mon maître, rien. Aucune discussion, pas même un regard. J'ai cru recueillir une aide auprès d'un moine à qui je confiais ma détresse et ma solitude. Sa réponse m'a assommé pour de bon : « Tu as tout en toi. Habite ta maison, prends soin d'elle, entretiens ton corps et ton âme et garde l'esprit pur. »

Il me faut encore découvrir Séoul, sortir de la prison de mes automatismes. Parfois, j'assiste à une légère reddition du mental. Aux bains publics, le miracle se produit de temps en temps. Et la barrière entre le *moi* et le corps s'estompe. Je cesse de me regarder pour apprécier sans réserve, sans retenue. Le zen consiste à tout faire de manière naturelle, sans que l'ego intervienne. Quel moyen vais-je trouver pour pacifier le mental ? Pas de théories, mieux, des actes, de saines habitudes, un art de vivre tout coréen. Simplement écouter la boussole intérieure.

C'est d'ailleurs le conseil que je donne à mes enfants : écouter la toute petite boussole en leur cœur qui leur dit à qui faire confiance.

Qu'est-ce qui nous met réellement en joie ? S'efforcer de repérer véritablement ce qui repose, ce qui restaure. S'abreuver aux sources qui nous tirent vers le haut, cela suffit amplement pour aujourd'hui.

Amour inconditionnel

C'est quand même dingue ! Je suis venu en Corée du Sud pour me rapprocher de mon père spirituel et je lui cache encore ma misère. Hier, quand il m'a téléphoné, je n'ai pas osé lui avouer où je traînais. C'est sans doute la personne que j'admire le plus au monde. Mais toujours cette foutue image de moi que je veux chouchouter. J'ai pourtant affaire à un sommet d'amour et de sagesse. Je n'ai pas fait des milliers de kilomètres pour me contenter de quelques conseils avisés. J'ai tant cherché un homme de Dieu qui pratique le zen. Un être qui rayonne d'un amour inconditionnel et chez qui la plus petite once de désir a disparu, ça ne court pas les rues. Pour un malade de mon acabit, il faut un éminent médecin : une rigueur exceptionnelle, un abandon à Dieu qui me jette dans une irrésistible envie de le suivre malgré les doutes et les peurs, une redoutable adéquation au moment présent, une humilité qui ne doit rien à l'artifice et par-dessus tout, une inconcevable bonté, grande comme l'abîme de Dieu.

Il est le seul qui me sermonne. Jamais un compliment ne sort de sa bouche. Il m'aime inconditionnellement. Et quand, plus d'une fois, je suis tombé au fond du trou, il a su me remettre debout et me *consoler* profondément.

J'ai trouvé en lui une voie pour me rapprocher d'une foi sans ombre. Bayazid Bastami, cet immense soufi du IXe siècle, écrit : « Celui qui n'a pas de Maître a Satan pour maître. »

Au fond du fond, la paix

Est-ce donc le diable qui m'a conduit ici pour une halte à Homo Hill, dans le quartier d'Itaewon ? Sans pourquoi, je me suis retrouvé entre la rue des prostituées et celle des bars gays. Que pourrais-je craindre quand aucun risque de chute n'est seulement possible ? Non que la vertu m'élève si haut mais la peur des maladies dresse une muraille vertigineuse qui me protège d'un tel écart. À vrai dire, je pense tristement à ces femmes contraintes de vendre leur intimité.

« Viens chéri !
– Non merci, ça va. »

Il est facile, très facile, de parler de vertu, de sagesse, quand on n'est pas dans la misère. La dignité d'un être humain éclate dans ces faubourgs glauques. Il subsiste une part au fond de notre être qu'aucun traumatisme ne touchera jamais. Je ne sais pas trop ce que je suis venu chercher là. Mais je jure que c'est encore la sagesse que je voulais trouver. J'ai la conviction qu'elle se déploie partout, même dans cette rue sombre qu'éclairent des lampes roses, témoins muets de bien des détresses.

De ton corps et de ton âme, tu prendras grand soin.

En marchant, les mots du père résonnent en mon cœur : « Hyecheon, un nouvel Alexandre est en train de naître, ici à Séoul, plus libre, plus simple, plus spontané. Laissez-vous gagner par la paix ! »

Au détour d'une rue, quelqu'un m'accoste ; un homme me lance :
« Mais toi, tu es complètement bourré !
– Non, je suis handicapé.
– Fous le camp ! Tu es bourré. »

Ses gestes brusques me font peur, mais bientôt j'entends en mon for intérieur : « Hyecheon, un nouvel Alexandre est en train de naître, ici à Séoul, plus libre, plus simple, plus spontané. Laissez-vous gagner par la paix ! »
Qu'est-ce qu'un type comme ça peut me faire ? Stopper net les ruminations… Pourquoi courir ? Au contraire, ralentir. Bien poser les pieds sur le sol. Paisiblement, pas trop vite, rebrousser chemin.
Je me retourne et un gaillard me fait signe de la main. Je rentre dans un bar, non sans jeter un regard soupçonneux autour de moi. Surtout, que personne ne me voie entrer dans ce lieu *malfamé*. Ce soir, je me dis qu'explorer un bar gay d'Itaewon ne va pas me tuer. L'exercice, tandis que mon cœur bat la chamade, consiste à rejoindre le tréfonds où la paix abonde. Imaginer comment le Christ ou le Bouddha se comporterait en compagnie de ces jeunes hommes. Dans cette lutte contre la peur, s'apercevoir qu'il ne s'agit que d'une tempête mentale. Plutôt que de résister, carrément couler. Tout est occasion pour se convertir. Un proverbe coréen dit bien : « *Sijak-i ban-ida* », que l'on pourrait traduire par : « Travail commencé est à moitié terminé. » Autrement

dit, il suffit de commencer quelque chose pour que le travail soit à moitié accompli.

Il faut se secouer pour perdre les mauvaises habitudes, instaurer de bonnes pratiques et introduire une dynamique réparatrice. N'avons-nous pas appris à paniquer, à projeter, à comparer, à stresser ? Désapprendre, se déshabituer, se déshabiller, voilà le défi ! D'ailleurs, en coréen, le mot *haetal* 해탈 signifie tour à tour « se déshabiller » et « faire son salut ». Pour les férus d'étymologie, le terme se compose de deux caractères chinois. Le premier veut littéralement dire « résoudre », « défaire, démêler, dépaqueter », mais aussi « s'éveiller, parvenir à l'illumination, comprendre ». Il désigne l'acte d'« enlever un vêtement », « se mettre à nu ». Le second va dans le même sens : « se mettre à nu », « se dévêtir ». L'insistance me plaît. Le bonheur ce n'est pas d'en rajouter mais de sabrer, dégager, simplifier. De repérer ce qui m'encombre et d'avancer nu...

N'avons-nous pas appris
à paniquer, à projeter,
à comparer, à stresser ?
Désapprendre, se déshabituer,
se déshabiller, voilà le défi !

Se convertir à chaque seconde

Dans ce bar, que puis-je laisser avec cette poignée de wons que je donne au serveur ?

En me tendant un verre, il me fait un bisou dans le cou. Mon irrationnelle obsession revient au galop. Ça y est, j'ai chopé le sida ! L'autre jour, j'ai accompagné Céleste au musée de cire. Aux côtés de Gandhi, d'Obama, de Chopin, de Leonardo DiCaprio, nous attendait un squelette. Soudain, ma fille a hurlé de peur. Je l'ai calmée : « Regarde Céleste, ce n'est que du carton… »

Dès qu'un fantôme arrive, le regarder droit dans les yeux, peut-être réaliserai-je que, bien souvent, il n'est qu'une illusion. Je m'aperçois que dans nonante-neuf pour cent des cas, je ne suis pas dans le réel mais dans mon monde. Aussi, dès qu'un barman pose ses lèvres sur mon corps, revenir aux faits : ne pas s'affoler, laisser passer.

Après avoir descendu mon soda, je file dans la nuit. Je vois un homme sur le trottoir hésiter. Va-t-il céder ou non à ce bel éphèbe en slip rose qui l'invite à le rejoindre ? Il y a, dans la vie, un moment très bref où il nous est possible de faire un choix, de nous convertir ou pas. Un instant très court, minuscule, où se joue notre liberté. Et l'on découvre alors si la pratique spirituelle est au cœur de notre quotidien ou une occupation parmi d'autres.

Que retenir de ma descente à Homo Hill ? Ce soir, je comprends curieusement que la chair veut toujours du neuf. Mais que dis-je ? Non pas la chair, le mental.

Et sur ce, au lit.

Hyecheon

Ici, je me nomme Hyecheon, « source de sagesse ». C'est mon nom dharmique. Plus qu'un titre, c'est une invitation à découvrir en toute occasion la paix et la joie qui surabondent au fond de mon cœur. Appel fort utile pour quelqu'un qui cherche le repos, ailleurs, et après.

Se convertir, ce n'est pas vouloir devenir un autre, un héros, un saint, un Superman, quelqu'un qui n'en bave plus. D'ailleurs, on en bavera toujours. La méditation, comme un produit marketing qui nous enlèverait tout trouble à l'âme, est une dangereuse vanité. Le fleuve des pensées et des émotions coule pour tout le monde. Même le sage passe de *sacrés* quarts d'heure ! Simplement, chez lui, tout coule plus librement et les idées désagréables ne s'attardent plus en chemin.

Avant, je priais pour terrasser l'ennemi et dézinguer mes travers. Et pour panser mes blessures aussi. À présent, j'essaie d'écouter Maître Eckhart : « Et c'est pourquoi la meilleure prière que puisse faire l'homme ne doit pas être : "Donne-moi cette vertu ou cette manière d'être", ou encore : "Seigneur, donne-toi à moi, ou donne-moi la vie éternelle", mais bien : "Seigneur, donne-moi seulement ce que tu veux et fais, Seigneur, ce que tu veux et de la manière que tu veux." Cette prière surpasse l'autre, autant que le ciel domine la terre et si l'on prie ainsi, on a bien prié : quand, dans la véritable obéissance, on est complètement sorti de soi-même pour aller à Dieu[1]. »

Se réconcilier avec l'imperfection du monde, voilà l'ascèse, la conversion ! Une fois son maître choisi, il s'agit plus de le suivre que de l'imiter. Ce qui me frappe lorsque je contemple la vie de Jésus, c'est sa liberté, sa puissance pleine de douceur et de vérité. Il soigne, il guérit, il console, il marche, il donne à manger aux démunis. Il me réveille.

Je dois confier ici une peine : quand je parle du bouddhisme, on trouve cela plutôt cool. Mais dès que je mets une image du pape François sur Facebook, quelques écorchés vifs me ressortent le couplet des croisades, de la Sainte Inquisition et du préservatif. Ajoutez à ces esprits chagrins les chrétiens qui m'accusent d'aller voir ailleurs…

Je reste convaincu qu'un chrétien et un disciple du Bouddha Shakyamuni[2] peuvent avancer main dans la main, marcher allègrement sur les mêmes sentiers. Gravir ensemble les sommets où les différences, les barrières et les murs ne montent pas.

---

1. Maître Eckhart, *Entretiens spirituels*, I in *Discours du discernement*, Paris, Cerf, 2003.
2. Siddhârtha Gautama, dit Shakyamuni, est le Bouddha historique.

Le médecin intérieur

À côté des grandes souffrances, nous empoisonnent aussi ces petits tracas lancinants et tenaces : quoi qu'on fasse, il y a toujours un truc qui coince dans une journée. C'est d'ailleurs, selon certaines traductions, le sens de la première des quatre nobles vérités du Bouddha. « Tout est *dukkha* », « tout est souffrance ». Et il y a trois mois, ça a grincé fort.

Aller chez le dentiste est loin d'être une partie de plaisir. Quand, en plus, on ne parle pas la même langue, ça complique les choses. Heureusement, pour me prêter main-forte, j'ai rencontré le meilleur des anges gardiens : un moine. « Monsieur Zéro Stress », c'est le surnom que lui ont donné les enfants. Après un banal panoramique dentaire, une assistante m'a vigoureusement installé sur un siège. À côté, une lignée de Coréens, la bouche grande ouverte et une armée en blouse verte. Stupeur ! Dans le lavabo, une tache de sang bien rouge. Elle semble se trouver là uniquement pour me pourrir la vie et ça n'a pas manqué. J'ai commencé à perdre les pédales, à m'inquiéter méchamment. Allais-je attraper le sida ? Mais cette fois, la tempête mentale ne s'est pas éternisée. Il faut dire que je n'ai eu qu'à regarder le moine, ses épaules, ses yeux, pour me calmer aussi sec. Monsieur

Zéro Stress, inébranlable, comment l'imaginer autrement, a vu mon trouble : « Il n'y a aucun risque. Et même si c'est ton *karma*[1], ce que je ne pense pas, que peux-tu y faire ? À quoi cela te sert-il de lutter, de t'agiter ? Laisse passer… » Sur mon fauteuil, penaud mais rassuré, je comprends qu'il avait raison, l'imposant gaillard, avec sa menaçante sérénité. Avoir traversé ce traumatisme à côté de lui m'a apaisé. Je rêve de médecins, de dentistes, d'infirmiers formés à son école…

Depuis ce jour-là, la pensée du pire a encore souvent fait le siège de mon mental, mais il me suffit de me souvenir de mon paisible acolyte pour que la vague passe, paisiblement…

Il n'est pas nécessaire de croire au *karma* pour lâcher. Après tout, si c'est dans la nature des choses que l'on tombe malade, que l'on meure, pourquoi s'agiter à l'excès ? Pour commencer, laisser passer les obsessions. Entre l'hyper prévoyant et le casse-cou, il y a une foule de possibles. La santé se forge au quotidien : vigilance, modération, simplicité… Le reste ne nous appartient pas. Donc, une bonne hygiène de vie, du détachement, et beaucoup de bol…

Pourquoi ai-je si peur de claquer ? C'est fou comme la crainte de souffrir me raidit. « Observe-toi toi-même, et chaque fois que tu te trouves, laisse-toi ; il n'y a rien de mieux[2]. » Voilà peut-être le seul remède ! Réaliser

---

1. Notion très délicate car elle peut donner lieu à beaucoup de malentendus. *Karman* désigne en sanskrit, à l'origine, agir, faire, fabriquer. Tout acte produit des fruits, bons, mauvais ou neutres. Au lieu d'être anéanti par l'implacabilité de la vie et de cette loi, nous pouvons aussi retenir de cette notion une invitation à nous convertir et à poser des actes libérateurs.

2. Maître Eckhart, *Entretiens spirituels*, III.

que le médecin qui peut nous guérir n'est pas encore né. Sans doute doit-il naître en nous ? Cette phrase de Maître Eckhart n'a pas fini de m'accompagner. Mille fois par jour : « Laisse-toi ! » Le détachement n'a rien de triste.

Et là, tout de suite, qu'ai-je à laisser ?

Les plans pour le lendemain

Monsieur Zéro Stress avait raison. Je n'ai pas attrapé le sida, ce n'est pas mon karma. La réponse est tombée aujourd'hui. Le plus dur est de se laisser aller. En ouvrant la lettre de l'hôpital, j'ai pensé au mot de Charles Péguy : « Je n'aime pas, dit Dieu, l'homme qui ne dort pas. Celui qui brûle, dans son lit, d'inquiétude et de fièvre. Je suis partisan, dit Dieu, que tous les soirs on fasse son examen de conscience. C'est un bon exercice mais enfin il ne faut pas s'en torturer au point d'en perdre le sommeil. À cette heure-là, la journée est faite et bien faite. Il n'y a plus à la refaire, il n'y a plus à y revenir. Ces péchés qui vous font tant de peine, mon garçon, eh bien, c'était bien simple, mon ami, il ne fallait pas les commettre, à l'heure où tu pouvais encore ne pas les commettre. À présent, c'est fait. Va ! Dors ! Demain, tu ne recommenceras plus, et celui qui, le soir, en se couchant, fait des plans pour le lendemain, celui-là, je ne l'aime pas, dit Dieu[1]. » Voir toutes ces peurs qui tournent en boucle me donne parfois le tournis. S'il y a une

1. Charles Péguy, *Le Mystère des saints innocents*, Lausanne, Mermod, 1945.

réincarnation, elle se situe peut-être bel et bien là. Ces craintes obsessionnelles, ces fantômes qui vont, qui viennent, sans cesse.

Pas à pas, maintenir le cap

Comment m'arracher à ce cercle vicieux, à ce véritable casse-tête coréen ? Depuis des mois, en vain, je me creuse les méninges : pour avoir des amis, il faut maîtriser la langue et pour apprendre la langue… il faut avoir des amis. Je ne suis pas sorti de l'auberge. Ce fiasco me ramène à ce que je suis venu chercher ici. Pour avancer, j'ai besoin, outre de patience, d'une bonne dose de détermination et quand même d'un brin d'ordre. À saint Ignace de Loyola, j'emprunte un outil des plus féconds : son fameux discernement des esprits. En gros, il y a deux mouvements en nos cœurs : la désolation, c'est lorsque j'en ai marre de tout et surtout de moi, lorsque rien ne va, que tout paraît sec, pénible. La consolation, au contraire, survient quand je me sens porté par l'existence. Alors, tout coule, aisément.

Avec un ami, nous avons coutume d'évaluer notre joie de vivre sur une échelle de 1 à 10. À 10, on est tout près de tomber dans le paranirvâna[1]. Tandis qu'à 3, il faut commencer sérieusement à se poser des questions

---

1. Le *paranirvâna* désigne le *nirvâna* complet atteint par le Bouddha sans résidu du moindre attachement, la libération totale.

et, surtout, agir… Cette évaluation un tantinet arbitraire a au moins le mérite de nous ramener vers l'intériorité et de nous montrer qu'il y a des jours avec et des jours sans. Remède souverain quand tout nous porte à accuser le monde plutôt que de simplement accueillir une mauvaise humeur qui ne fait que passer !

À l'heure de la désolation, sans se poser de questions, tenter d'appliquer les règles de base : ne pas bouger ; se garder de la précipitation ; persévérer… facile quoi ! Ce chemin de l'école que j'emprunte le matin me montre qu'il est reposant de s'oublier de temps en temps en faisant bien ce que l'on nomme les « devoirs d'états ». Être un bon papa – essayer du moins –, écrire, se donner aux tâches du jour. Et quand ça ne va pas trop, la fidélité au quotidien prodigue une sorte de consolation. S'en souvenir pour maintenir le cap quand la nuit vient voiler l'horizon. Pas à pas, avancer gentiment quand tout porte à la dispersion.

Un manuel de survie

« Tout droit », « Tout droit », « À droite », « Tout droit », « Tout droit encore », « Bâtiment grand garderie », « Attendre, s'il vous plaît », « Chercher ma fille », « Voilà, maintenant, retourner maison comme avant ». Se rendre en taxi chercher Céleste à la garderie tient de l'expédition qui, chaque fois, m'apprend la confiance. Cela ne m'empêche pas de me montrer hyper débrouille. Céleste n'a pas choisi son papa. Essayons de lui donner le meilleur !

Que ferais-je si un grave pépin devait me tomber dessus ? Il y a peu, un ami dans le bien me souffla l'idée d'esquisser une sorte de manuel de survie pour qu'au moment où les sirènes se mettraient à hurler je tienne quelques balises en main… Oh, je ne pousse pas la naïveté jusqu'à croire qu'on puisse se préparer au pire. Mais pourquoi ne pas se livrer à l'exercice, cinq minutes…

Contre le désespoir, aux heures noires, savoir vers où diriger nos SOS, sans dispersion. Et rédiger, par exemple, un annuaire : qui pourrais-je appeler si le ciel me tombait dessus ? Surtout, ne pas rester seul avec un poids qui deviendrait trop lourd. À côté de cela, ne pas surréagir, en faire moins plutôt que plus, ce serait ça le gros défi. Et puisque j'en suis à glaner quelques pistes, ne pas oublier deux points essentiels : demander de l'aide. Ensuite, ne pas se figer. Essayer de se rappeler que tout passe, même les épisodes hyper tragiques et les catastrophes. Et surtout, agir. Que puis-je mettre en œuvre pour aller mieux, ici et maintenant ?

Je balbutie. Je ne suis pas convaincu que mon *bricolage* m'aidera par temps d'orage. Je peux déjà lever les yeux plus souvent vers le ciel, deviner les tempêtes et voir si un nouveau typhon menace. Il faut du temps pour remonter la pente mais quand on y songe, on ne tombe pas si vite au fond du trou. Pour l'heure, se réjouir sous le soleil et nourrir de fécondes amitiés. Il n'est pas interdit, entre deux coups de tonnerre, de se détendre, d'aimer. Se rendre disponible à l'avenir sans se faire trop de bile.

Le serpent blessé

J'ai pris le train. Régulièrement, je me rends à la montagne méditer dans une communauté. Là-bas, c'est le désert, la dure séparation : éteindre le portable, cesser de compter sur Facebook pour se sentir exister sans tout ce fatras.

Moi qui rêvais d'une formation zen authentique, je suis servi ! Et pour tout dire, aujourd'hui, j'en ai pleuré. Tandis que dans la voiture qui m'amenait à la montagne, je glosais avec l'ami dans le bien, j'ai sursauté quand le véhicule s'est arrêté. Sur notre route, un serpent blessé. « Venez, on va le sauver ! » Tellement empêtré dans mes pensées et mes ruminations, je n'avais rien vu. Un des effets pervers de la souffrance, c'est de nous enfermer sur nous-mêmes et de nous faire encore plus mal. Délicatement, mon ami a pris un bâton pour guider le reptile vers le bas-côté. Puis, il m'a expliqué qu'on avait affaire à une bête très venimeuse, et qu'ici et maintenant elle était pour nous tout l'univers.

Je ne m'étais pas approché à plus d'un mètre de l'animal, mais j'ai senti comme un engourdissement me gagner. Dans ma tête, j'étais foutu. J'entendais déjà ma femme avertir ma mère : « Ton fils est mort, mordu par un serpent dans une montagne de Corée du Sud ! » Devinant mon malaise, mon ami m'a dit : « Ce n'est qu'une tempête mentale, vous ne risquez absolument rien ! »

Tonique leçon, puissant rappel à l'ordre : quand il me prend la lubie de deviser sur le Bouddha et les Évangiles ou de chercher un remède à ma souffrance, ne pas psychologiser à outrance mais revenir au réel, à la simplicité, contempler.

Enchaîné à mon portable

Guérir. Bon sang, j'y ai droit ! Avant le souper, mon téléphone a sonné puis il a retenti une deuxième fois. Et le père de crier : « Hyecheon, vous êtes venu pour vous retaper, pour entrer plus profondément en vous-même, pour donner aux enfants et à votre épouse un vrai repos. Si je vous reprends encore une fois à téléphoner, vous pouvez décamper d'ici ! » Comment rester inactif devant une telle invitation au silence et au dépouillement ? Je demeure esclave de mon portable, de Facebook, de KakaoTalk[1]. Oui, les démons et les fantômes qui s'appellent l'ennui, la lassitude, la trouille viennent me harceler. Pourquoi vouloir meubler le vide, fuir le rien ? Tout plutôt que ces garces d'obsessions, cette peur de crever, cette frousse du cancer, du sida, de l'abandon. Je vois bien que ce ne sont que des idées qui tournent en boucle et que je dois regarder paisiblement. Elles font partie du paysage. Si je souhaite accomplir de réels progrès, je dois aussi *élargir* mes liens à l'autre et d'abord cesser de glaner approbation, compliment, récompense. Seul dans ma chambre, déboussolé, je me demande

---

1. Messagerie gratuite pour téléphone portable.

que faire. De loin, je lorgne mon téléphone. De loin, j'entends la voix amie : « Vous savez, Hyecheon, un autre lien aux autres est possible, plus intérieur, plus profond ! »

Pourquoi vouloir meubler le vide,
fuir le rien ?

Oser l'abandon

Après quelques heures infructueuses, je ressors complètement bredouille : j'ai passé la moitié de la soirée à tenter de connaître des Coréens, en vain. Le métro de Sinchon est bourré. Et je viens de me casser la figure à l'entrée. Comme une bête, le souffle haletant, à quatre pattes, je remonte la rampe. Les regards qui me dévisagent me poussent à oser l'abandon. Ma quête d'une vie sans pourquoi, sans dépendance ni attentes qui me vident, emprunte décidément bien des détours. Je donne beaucoup d'importance au détachement. Trop. Il y a, caché derrière, une peur de souffrir, une crainte terrible. Se détacher du détachement, mais se rappeler des mots de Jean de la Croix : « Peu importe qu'un oiseau soit retenu par un fil mince ou épais : tant qu'il ne l'aura point brisé, il sera incapable de voler. À la vérité, le fil mince est plus facile à rompre que celui qui est épais : mais si facile que soit la rupture, si elle n'a pas lieu, l'oiseau ne volera point. Ainsi en est-il de l'âme retenue par une attache. Quelque vertu qu'elle pratique par ailleurs, elle n'atteindra jamais la liberté de l'union divine[1]. »

---

1. Jean de la Croix, *La Montée du Carmel*, Paris, Seuil, coll. « Livre de vie » n° 114, 1995, livre I, chap. 11.

À propos de Dieu, quand je me suis retrouvé sur le dos parmi la foule de ces pieds noctambules, je me suis senti alors près de Lui, plus qu'en bien des églises. Comme si d'instinct, je revenais à cette vie d'avant la pensée et l'infernale emprise du mental.

Goûter la solitude

Surtout, ne pas tomber dans l'individualisme, mais au contraire, se donner. J'ai revu Monsieur Zéro Stress. Il m'a rappelé que mon insistance à vouloir trouver des copains témoignait d'un sévère manque de pratique et d'une vie intérieure somme toute assez pauvre. Sa phrase m'a assommé : « Tout ce que tu cherches à l'extérieur, découvre-le à l'intérieur ! Contemple tes doutes, tes fantômes, regarde-les paisiblement et jamais tu ne t'ennuieras ! »

Il faut être sacrément bien entouré et en paix pour aider véritablement son prochain sans s'imposer ni prendre le pouvoir. Parfois, il est indispensable de revenir vers les amis dans le bien et se souvenir de ces paroles d'un maître zen : « Surtout ne bouffez pas à tous les râteliers ! Approfondissez de vraies amitiés et goûtez la solitude ! » Une amitié dans le bien tombe du ciel mais ne s'improvise pas ! À ce propos, avec des compagnons de route, nous avons créé un label de qualité pour ne plus nous éparpiller et aller directement à l'essentiel tout en restant ouvert à l'imprévu et même aux désaxés : SPA. Stabilité, Profondeur et Altruisme. Et plutôt que de vouloir multiplier les membres de cette bande, tenter d'être un bon ami SPA pour son prochain.

Il y a peu, j'ai sollicité un entretien avec un maître zen. Une connaissance était endettée jusqu'au cou. Il m'a, à maintes reprises, demandé de le *dépanner*, m'enchaînant aussi jusqu'à me dire : « Si on ne m'aide pas, je me tue »…

« Mais qu'il se flingue ! » La réponse du maître embrasa mon cœur en mettant le doigt sur tous les obscurs mobiles qui peuvent entacher la charité : la culpabilité, la pitié, la soif de reconnaissance. Tout peut y passer.

« Mais qu'il se flingue ! » m'allège beaucoup. Il ne congédie pas la générosité, au contraire. Aider, soutenir, touche à la grandeur de l'autre et ne saurait surgir de la mesquinerie ni du calcul. Sans vouloir sauver le monde, repérer aujourd'hui une action concrète et donner un coup de main gratuitement, sans contrepartie…

Détecter une injustice autour de nous et y porter remède illico.

Junho, mon maître en légèreté

Me voilà à Busan, au bord de la mer. Mon compagnon de voyage, Junho, dort. Il a passé la nuit à jouer sur Internet. Son insouciance me travaille. Nous devons avoir à peine cent mots de vocabulaire en commun. Je ne connais ni ses convictions ni ses préoccupations et c'est mon frère. Nous avons vécu des semaines sans nous quitter une minute. Pourtant, je ne sais pas ce qu'il pense de la politique, de Dieu, de la peine de mort… Nous nous aimons, c'est tout. Parfois, je me réveille et il dort dans ma chambre. Je contemple ses beaux yeux bridés, son visage. On aurait pu ne jamais se croiser. Je jouais avec les enfants dans un parc et, sans pourquoi, nous avons commencé à échanger quelques mots. Ma fille me dit que même si je vivais au pôle Nord, je tomberais toujours sur quelqu'un qui m'aime. Junho est le messager de cet espoir. La Corée m'apprend cela : la gratuité et le don.

C'est cette confiance, cette expérience qui conduisent au détachement.

Aimer librement

« Hyecheon, ne faites jamais le démagogue ! Le Christ n'a jamais joué de rôle, il ne se fixait jamais dans un personnage. » La dictature du *on*, la pression sociale, c'est aussi pour les fuir que je vis à Séoul. « Ne me déçois surtout pas ! », « Ne fais pas ça ! », « Pourquoi réagis-tu comme ça ? ». Il faut un certain culot pour s'arracher à la sidérante logique du donnant donnant, aux exigences de l'entourage et aux multiples attentes de chacun pour aimer librement. Ces mots de Maître Eckhart me réjouissent : « Tu es mon Dieu car je n'ai pas besoin de toi[1]. » Rejoindre l'amour inconditionnel, voilà le but : j'aime ma femme, mes enfants, mes amis, d'autant plus que je n'ai pas besoin d'eux… Paroles qui choquent et qui soulignent le danger de transformer l'autre en un « pour moi ». De là, ne concluons pas trop hâtivement qu'il faut se blinder, devenir indifférent, c'est bien plus subtil. Oui, tout grince ! Même le plus pur des amours ! Tout est *dukkha*. Loin de m'accabler, ce constat me donne des ailes. Il s'agit d'aimer des êtres en

---

1. Dans le sermon 47, Maître Eckhart interprète la phrase du prophète : « J'ai dit à mon Seigneur : tu es mon Dieu car tu n'as pas besoin de mon bien », *cf.* Maître Eckhart, *Les Sermons*, *op. cit.*

chair et en os. Chacun de nous traîne ses casseroles, ses blessures. Aimer se conjugue toujours au présent, loin de la rancune, des trahisons et des reproches.

Un maître de tir à l'arc a dit : « Tirer une flèche est un geste banal. Tirer bien cette flèche est un geste sacré. » La bienveillance au quotidien, même au cœur des frictions, touche au sacré. Le chemin ? Peut-être, paradoxalement, oser ne pas plaire à tout prix.

Lâcher Alexandre !

Au milieu de la fatigue, tenace, un exercice s'impose : lâcher le corps, l'esprit, l'avenir, le mieux. Tout lâcher, lâcher Alexandre, lâcher la vie. Tout quitter, surtout le lâcher-prise. Ce mot me déplaît souverainement, car il pourrait faire croire qu'il existe une recette, un résultat. Lâcher sans pourquoi, même pas pour aller mieux sinon c'est biaisé.

Ce qui me rapproche de cet abandon, ce n'est pas la privation mais la joie. Hier, avec Junho, nous avons loué des karts et roulé à pleins gaz à travers Mokpo. De vrais gamins ! Fonçant à ses côtés, j'aurais pu mourir de joie. Pourtant, souvent, je l'ai arrêté : « Une photo pour Facebook ! », « Envoie un film pour ma femme et les enfants ! ». Tenace tendance à vouloir épater la galerie, raconter mes faits et gestes plutôt que de vivre sans pourquoi le moment ! Ah ! vil narcissisme !

Pour foncer sur la route, se rappeler les Pères du désert : « Si tu fais peu de cas de toi-même, tu auras le repos en quelque lieu où tu t'établisses[1]. »

---

1. *Les Sentences des Pères du désert*, Solesmes, 1976, n° 655.

Aucune courbette

Sur mon chemin, j'ai trouvé un maître, une jeune adolescente qui a un trouble du spectre autistique[1]. Je ne lui arrive pas à la cheville au chapitre de la vérité. Toujours je m'adapte, je camoufle, je dissimule.

On me sert un plat abject et je me fends d'un : « C'est délicieux. » Je suis crevé et je prétends être au mieux de ma forme. Vivre avec les autres sans se déguiser est une force admirable. Que n'ai-je ce courage, ce naturel ? Marine ne ment jamais. Aucune courbette, juste la vérité.

---

1. Cette expression peut paraître un peu lourde mais combien de préjugés sont associés au mot « autisme ». On l'emploie à toutes les sauces et on l'utilise même aujourd'hui pour désigner des politiciens sans foi ni loi, centrés sur leur seul intérêt. Cela ressemble fort à une insulte pour les personnes qui sont atteintes de ce trouble et qui vivent au jour le jour dans une société qui exclut tout ce qui échappe à la norme.

Dans le ciel

La pratique qui me donne du fil à retordre est des plus simples : accueillir sans juger tout ce qui s'élève dans la conscience, voir que celle-ci reste intacte, que rien n'altère cet immense ciel. Ce matin, dans le ciel, il y a de la fatigue, beaucoup de joie, encore pas mal de non-amour et de crispation. Simplement tourner les yeux vers l'intérieur et regarder dans le ciel. Dans le ciel, il y a…

Dire oui

Tandis que le train fonçait vers la capitale, un jeune m'a accosté. Quand il s'est avisé que j'étais chrétien, il m'a demandé : « Pourquoi portes-tu des pantalons de moine bouddhiste ? » Comment lui dire que ces pantalons à Velcro, très pratiques, me plaisent et surtout que l'habit ne fait pas le moine ? Jésus et Bouddha, faut-il les réconcilier ? Sont-ils vraiment en concurrence, en conflit ? Je n'aime pas les guéguerres qui opposent les religions, ni la suffisance ni le syncrétisme. Tous les hommes sont frères.

Je crois en Dieu, en son fils Jésus-Christ. J'espère qu'avec la mort, tout ne prendra pas fin. Jésus m'enseigne la bonté du monde. Malgré les crimes, les violences, les maladies, les souffrances, l'injustice, tout est *ultimement* en ordre. Suivre le Christ, c'est essayer de dire oui. Croire qu'au fond de la faiblesse, des miracles peuvent se produire. Les miracles, ce n'est pas seulement marcher sur les eaux mais assumer au quotidien les hauts et les bas, sortir de soi, aimer l'autre pour de vrai. Longtemps, j'ai lu les Évangiles avec le mental et ces paraboles mille fois rabâchées me paraissaient insipides. Aujourd'hui, grâce au silence du zen, je commence à entendre chaque parole de ces livres comme un appel à se convertir en actes.

Ce bus, cette brosse à dents, ce sac-poubelle, le fou rire de mes enfants, le ciel bleu, l'amitié, l'amour, la paix, tout provient de Dieu, tout participe d'une gigantesque création. Il est très facile de s'exiler de l'origine, de l'oublier. Pour peu qu'on regarde attentivement un visage, même le plus sombre, le plus méchant, on devine en lui la présence de Dieu. J'aime qu'il y ait quelque chose qui dépasse, et de loin, ce que nous voyons. J'aime un Dieu qui transcende tout, y compris sa transcendance, pour nous rejoindre dans le banal, le quotidien.

Le zen m'aide à dézinguer l'image d'un Dieu qui juge, scrute et condamne le moindre faux pas. Je prie ce Dieu de tout mon cœur et de toute mon âme. Prier, c'est vivre, se lever, aimer, aller aux toilettes. Ne jamais oublier que tout est en même temps vain, précaire, fragile, parfait et inouï.

Grâce au zen, je ne regarde plus Dieu comme un être lointain. Il est partout, y compris dans le tragique, la peur, les ennuis, les pulsions, ma bassesse, mes faiblesses. Entrer dans une vie spirituelle, c'est se relier à ce plus grand que nous. Plus intime aussi.

Prier, c'est vivre, se lever, aimer.
Ne jamais oublier que tout
est en même temps vain, précaire,
fragile, parfait et inouï.

Les désirs sont comme nos enfants

Le chemin de la sagesse emprunte décidément bien des détours. J'écris depuis un motel de passe. Nous n'avons rien trouvé de moins cher. Une boîte de préservatifs, bien en vue sur la table de chevet, annonce la vocation du lieu. Je ne peux m'empêcher de penser à tous les drames, les trahisons, les adultères, les plaisirs glanés à bas prix et l'insatisfaction d'une vie qui ont pris abri dans cette pièce. Dans ce lieu de perdition, je comprends que les désirs des êtres humains, même les plus vils, sont à accueillir comme nos enfants… Surtout, ne pas culpabiliser, en prendre grand soin. Aujourd'hui, j'ai décidé que cette chambre serait mon dojo, ma salle de méditation. Et pour l'heure, je dédie ma prière à tous les hommes et les femmes qui ont cru déposer, pour un temps, le fardeau d'une existence sur ce lit en forme de cœur où je m'apprête à jeter mon épuisement. Puissent-ils connaître la vraie joie…

Je viens d'appeler mon épouse : « Tu te rends compte, je suis descendu avec Junho dans un hôtel de passe. J'espère que personne ne m'a vu. » La réponse m'édifie : « Tu en es encore là ? Vraiment, ton principal souci, c'est encore le qu'en dira-t-on ? »

À côté des capotes sur la table de chevet, les sermons de Maître Eckhart. De quoi me préserve-t-il ? J'avoue que savoir qu'un tel être a rayonné sur cette terre me console et, certaines nuits, il m'arrive de serrer ce gros volume contre mon cœur. Si je l'aime tant, c'est parce qu'il me rapproche de Dieu et m'aide à me délester de mes bagages un à un. Il me ramène au présent. C'est tellement facile de discourir sur l'ici et maintenant. Mais comment se donner le goût d'une vie sans pourquoi ?

Les cabossés de la vie

Récapitulons ! Je suis un disciple du Christ qui se met à l'école du Bouddha. Le zen vient tuer une à une les idoles. S'il y en a bien une qui résiste et qui, coriace, anéantit mes efforts, c'est cette image de soi que je trimballe partout. Pourquoi y tenir tellement ? Nous savons bien qu'elle nous fait souffrir, que tôt ou tard tout va changer, et pourtant nous nous y accrochons. Le plus drôle de l'histoire, c'est que je me retrouve à faire le point sur ma pratique spirituelle dans ce motel de passe.

Hier soir, avec Junho, nous avons fini dans un bar où, comment dire, les serveuses avaient de quoi m'arracher au repos semi-éternel que je recherche ici. J'ai fait grise mine au lieu de me détendre et de laisser passer. Le vertueux échappe à la tentation par joie, par jeu, non en serrant les dents.

Ici, la vie chamboule mes projets, et tant mieux ! J'ai demandé à mon ami de m'amener à la rencontre des marginaux. Chercher la sagesse au cœur du monde, voilà le défi ! Quitter les sentiers battus, contempler… Rencontrer des gens qui en ont bavé est une école. La souffrance a au moins pour elle, dans certains cas, d'arracher les masques les plus grossiers. Sortir de moi grâce à l'autre, orienter ma quête ailleurs…

Si un jour j'échappe à ce périple asiatique, je rêve de bâtir une maison solidaire qui réunirait sous un même toit celles et ceux qui aspirent à une pratique spirituelle et les *cabossés* de la vie. Il existe fort peu de ponts entre ces habitants du monde. Une ascèse sans engagement altruiste est vaine et le risque est grand de se prendre au sérieux. Voilà un pourquoi de ma vie qui m'enthousiasme ! Profiter de ce voyage pour abandonner les rôles, se former, et oser enfin une vie pour l'autre.

Habiter le cœur du monde

Junho joue dans sa chambre, j'en profite pour faire le point. Il pleut à verse et je me sens bien dans mon dojo de fortune. La pluie tombe sans pourquoi et n'était-ce cet épuisement qui ne me lâche plus, je serais à 10 sur 10. La voix de mon maître résonne dans mes oreilles : « Hyecheon, c'est votre mental qui est harassé. Vous avez encore à vivre longtemps. »

Nous devons nous convertir à fond, sauter aujourd'hui, oser. Avoir le cul entre deux chaises ne mène à rien. Ce matin, j'ai relu Maître Eckhart, ma bouée, mon réconfort, ma consolation. Pour tout dire, lorsque je l'ai découvert, le coup de foudre a été total et j'ai acheté vingt exemplaires de ses *Sermons*. La seule idée de perdre ce guide me hante. J'ai besoin de celui qui m'invite à vider mon âme, à me délaisser de tout et surtout, de moi. Je crains que la vie ne me prive du maître en détachement ; encore un attachement bizarre. Faire confiance à la vie qui, chaque jour, me prodigue ce qu'il me faut.

Je viens de relire l'Ecclésiaste : « Tout cela, je l'ai expérimenté par la sagesse. J'ai dit : "Je veux être sage !" mais c'est resté loin de moi[1]. » Vivre sans pourquoi, c'est

---

1. Qo 7,23.

se délier de tout, même de la sagesse ! Le tour que prend mon séjour ici n'a pas fini de me dérouter. Je m'étais attendu, en quittant la Suisse, à six heures de méditation par jour ; l'ascèse, l'ascèse, l'ascèse. Mais c'est au cœur du monde qu'il me faut habiter avec femme, enfants, les joies du quotidien, les blessures et l'inattendu. Alors, aller à l'école simplement. Par où commencer ? Laisser, quitter. Attention, pas l'extérieur, pas seulement ! Avant tout, abandonner la personne que je rêve d'être.

Commencer par soi-même

Dans la journée, il y a deux expressions qui reviennent sans cesse : *Bae gopayo*, « J'ai faim », et *Bae bulleoyo*, « je n'ai plus faim ». Voilà qui traduit assez bien la cadence effrénée du désir et des besoins ! Je veux, je ne veux plus.

Boire, manger, jouir sous le soleil sont d'une grande consolation. L'Ecclésiaste a raison !

Je ris car, dès que je feuillette Maître Eckhart, mon regard tombe sur cette intrigante boîte de préservatifs. Je ris car j'ai bien souvent considéré la vie spirituelle comme un énorme préservatif à s'enfiler de la tête aux pieds pour ne plus en baver et *se blinder* complètement contre l'adversité. Maître Eckhart, dans ses *Entretiens spirituels*, dit : « Comprenons-nous bien : fuir ceci, rechercher cela, éviter tels endroits ou telles gens, ou telle manière d'être, ou bien encore la foule ou les œuvres, ce n'est pas là, dans les choses ou les manières d'être, qu'est la cause de tes difficultés. N'accuse que toi-même. C'est toi qui te comportes mal à leur égard. Commence donc tout d'abord par toi-même et laisse-toi. En vérité, si tu ne te fuis pas d'abord toi-même, tu auras beau fuir où tu voudras, tu trouveras des obstacles et de l'inquiétude partout[1]. »

---

1. Maître Eckhart, *Entretiens spirituels*, III.

À y regarder d'un peu plus près, éclater de joie c'est tuer le moi sur le coup. La joie inconditionnelle, c'est la joie avec ses pulsions, ses crispations et ses désirs.

Les marchands de bonheur

« Enlevez-moi ça ! » Plus que jamais, je ressens le besoin de suivre un guide. J'ai laissé les préservatifs intacts sur la commode, et j'ai repris en main Maître Eckhart. Je suis venu pour me rapprocher du Bouddha et du Christ.

Ces temps-ci, quand la tête me tourne, revenir au vivre sans pourquoi, c'est tout.

J'ai dû chasser les marchands du Temple. Et les mots de Jésus « Débarrassez-moi de ça ! Enlevez-moi ça[1] ! » m'y encouragent. Le temple est cette part sacrée et intacte de nous-même qu'aucun traumatisme ne peut entacher. La vie sans pourquoi, c'est entrer et tout dégager : réflexes, mécanismes, blessures, peurs… Du balai ! De l'ordre ! Je suis tenté de reporter ce grand nettoyage par mes pratiques de rigolo. Tout donner pour Dieu, ses enfants, sa femme, voilà le défi ! Dieu vomit les tièdes, les marchands du Temple, les vendeurs de bonheur, ceux qui négocient l'amour… Dégagez de mon cœur !

---

1. *Cf.* Maître Eckhart, *Les Sermons*, *op. cit.*, sermon 1.

Accueillir ses contradictions

Ce n'est pas compliqué : repérer là où je marchande et stopper net, me déprendre dès aujourd'hui de cette peur qui me transforme en mendiant d'amour, d'affection, d'approbation. La vie spirituelle nous rend libres. Jésus-Christ, par sa radicalité, n'a fait qu'aimer sans nul désir de plaire.

Je commence à sortir de mon enfermement. Le monde me pète à la figure et je fais le grand écart entre la frénésie de la vie nocturne séoulienne et une profonde aspiration à la sagesse. Confiant, je sais que tout va s'unifier. « Vis et déprends-toi de toi ! »

Un jour de grand découragement, le père m'a dit : « Hyecheon, vous êtes tourmenté, profond et lumineux ! » Je me serais bien passé des tourments pour ne garder que le reste ! Alors, il est revenu comme toujours à la charge : « Ne vous fixez pas, Hyecheon, vous êtes bien plus que cela encore ! Soyez infiniment patient avec vous-même ! » Ces pulsions, ces angoisses, cette avidité qui envahissent tout, même le terrain de la vie spirituelle, ont leur saison. Longtemps, elles me laissent en paix puis elles rappliquent au grand galop les jours de fatigue. Souvent, paniqué, j'appelle le maître bien-aimé. À chaque fois, il me fait voir qu'on peut patauger en plein tourment et connaître la joie. Quand je repose le téléphone, je me sens toujours plus près de Dieu même avec les tiraillements, les blessures et les conflits intimes. Pour avancer dans la lumière : ne pas se prendre trop au sérieux, continuer à maintenir le cap, oublier l'avenir, s'abandonner. Bref, vivre sans pourquoi.

La pratique que m'apprend le père m'aide à éviter les « mais » : j'en ai marre *et* je suis heureux, la bouffe était dégueulasse *et* la soirée fut magnifique. Je crois en Dieu *et* j'ai plein de doutes…

Sur le chemin de l'école

Ce matin, j'ai regardé Augustin et Victorine partir à l'école, apprendre, faire des progrès et glaner quelques bonnes notes. Dès l'aube, de mon côté, j'essaie d'être un bon élève, à la recherche de gratifications. Même en méditation, je me dis que si je continue la route, je ne manquerai pas de rencontrer l'Éveil. Et j'en redemande. Pour l'heure, un simple exercice : arrêter de croire qu'ailleurs, qu'après, ce sera mieux. Tout est en ordre, ici et maintenant.

Au bout d'un moment, il faudra bien voir que c'est la vie qui décide. Tout au plus, on est l'époux ou l'épouse de Dieu. Cette idée me retire déjà un poids immense.

Faux-semblant

En m'aidant à ranger ma chambre, Junho est tombé sur le bol de méditation : « C'est quoi ce truc occidental ? » Quand je fais zazen, il m'observe avec ses yeux bridés et malicieux, les mains sur son clavier d'ordinateur. Pour lui, je suis un grand pratiquant. Je crois en Dieu, je médite une heure par jour, je prie. Il joue et ne prie pas, ou pas que je sache, il regarde la télévision tard dans la nuit. Or, des deux, devinez qui est le plus calme, le plus serein, le plus éloigné du stress ?

C'est bien ce que je pensais. Je viens d'aller voir dans la chambre d'à côté, Junho dort à poings fermés sous la couverture, la télé à plein tube. Ma quête de la sagesse peut être une fuite qui m'empêche d'être un homme à fond, une sournoise volonté de me démarquer.

Parfois, je me dis que les compagnons de Jésus partageaient cette franche innocence. Junho m'apprend à sa façon à suivre le Christ et le Bouddha, sans imiter personne.

Faire sa prière, essayer d'être bon, lire les Évangiles, c'est déjà pas mal !

Les tiraillements provisoires

Ce matin, cette phrase d'Etty Hillesum me réveille. Dans *Une vie bouleversée*, elle écrit : « Il est bien difficile de vivre en bonne intelligence avec Dieu et avec son bas-ventre[1]. » La chasteté est loin d'être facile. Tellement d'éléments entrent en jeu quand il s'agit d'attirance. Le sexe repose, apaise, valorise, console : comment résister à cet appel ? Je crois que ce qui conduit à la tempérance, c'est de goûter à la joie et à la détente, au lieu de lutter. Commencer par se demander ce qui me fait réellement du bien et ne pas faire de nos combats des drames.

Etty Hillesum, *surhumaine*, montre qu'on peut se dédier corps et âme aux autres, même en pleins tourments. Et que tout tiraillement n'est que provisoire. Au fond règne toujours la paix. Surtout ne pas s'accrocher aux tempêtes de l'âme.

---

1. Etty Hillesum, *Une vie bouleversée*, Paris, Seuil, 1985, journal du 4 août 1941.

Tout doit disparaître

« Celui qui veut marcher à ma suite, qu'il renonce à lui-même, qu'il prenne sa croix chaque jour et qu'il me suive[1]. » Ce n'est pas compliqué, convertissons-nous ! Cette sentence de l'Évangile vaut tout l'or du monde, un vrai *koan*[2]. Surtout, pour ne pas passer à côté, il me faut plonger dedans et faire exploser les croyances, les idées reçues, ma manière de vivre.

Tout à l'heure, aller manger, comme si c'était la première fois. Renoncer à comprendre et à juger. La vie tient du miracle.

Ce soir, des néons partout, des pubs et un maître de sagesse, Jésus. Il vient nous dire de renoncer et pas à n'importe quoi, à ce qui nous est le plus cher : nous. Un message subversif qui va à l'encontre des modes, et risque bien de nous rendre heureux.

---

1. Luc 9,18-23.
2. Le mot chinois désignait initialement un « précédent » en matière de justice. Dans la tradition du zen, le *koan* est une énigme qui a pour vocation de nous arracher à la logique et au rationnel pour entrer dans une autre vision du monde. Le *koan* est là pour nous aider à désapprendre et pour sortir de nos préjugés et projections.

Il suffit d'arrêter cinq minutes de faire des projets : « Je mangerai quoi ce soir ? », « Qu'est-ce qu'elle pense de moi ? », « Est-ce que mes pulsions sexuelles vont me laisser tranquille ? » Pourquoi ne pas commencer par renoncer à ce qui alourdit : regrets, commentaires, comparaisons, remords… Et minute après minute, être là.

Franchement, l'humanité détient des trésors : Jésus, Bouddha, Maître Eckhart, Rûmî… Partir à leur école, laisser les schémas, les réflexes, les tendances, se convertir pour de bon. Choisir sa route et l'emprunter à fond !

Mourir à soi

Ici, l'apprentissage est rude. Pas de récréation ni de divertissement. Cours accéléré. De quoi ? De rien justement. Loin, le confort, la sécurité, les repères…

Maître Eckhart a dit : « En vérité, l'homme qui laisserait un royaume, voire le monde entier, et se conserverait lui-même, n'aurait rien laissé. Mais l'homme qui se laisse lui-même, quoi qu'il conserve, richesse, honneurs, n'importe quoi, cet homme a tout laissé[1]. » Je laisse fatigue, bonheur, projets, regrets, attentes. Tout doit disparaître, tout. Et dire qu'on nous fait croire que le renoncement est triste. Préférerions-nous nous recroqueviller, nous ratatiner sur nous-mêmes ?

Souvent, le malheur veut que lorsqu'on souffre, on se replie sur soi, on se fige, on se crispe et on souffre encore plus. Comment tordre le cou à ce coriace réflexe ?

La vie spirituelle exige ce tonique désapprentissage. Le premier *koan* du *Passe sans porte*[2] rapporte

---

1. Maître Eckhart, *Entretiens spirituels*, III.
2. *Cf.* Wumen Huikai, *Le Passe sans porte*, Paris, Points Sagesses n° 297, 2014.

la fameuse parole de Maître Zhaozhou[1] à un élève qui lui demandait si un chien avait la nature de Bouddha. Le maître répondit : *mû*[2]. *Mû* c'est le feu, le rien dans lequel nous devons tout jeter, le réel et nous avec.

Mes théories, mes croyances, mes angoisses ne sont rien. Pratiquer le *mû*, c'est trouver le courage de traverser le feu, de tout abandonner et de tout retrouver. Venir doucement, mais avec force, contrecarrer cette opposition que j'érige entre moi et le monde, moi et les autres. J'ose à peine avouer que souvent, j'ai, en esprit, envoyé ma femme et mes enfants, tout ce que j'ai de plus cher, dans ces flammes. Et, à chaque fois, un amour plus vrai est né. Je n'aime pas une image de mon fils, je l'aime lui.

Le mystique et poète allemand Angelus Silesius ne me contredirait pas : « Je ne crois en nulle mort ; je meurs à toute heure. Et chaque fois je n'ai trouvé qu'une vie meilleure[3]. » Quant à la croix qu'il s'agit de porter, c'est tout ce qui résiste, ce qui s'oppose : le handicap, les pulsions, la peur, les déceptions, les hauts, les bas. Décidément, le lance-flammes du *mû* a de quoi faire. Ne jamais sortir d'une pièce, d'une chambre, d'une église, d'un motel de passe, d'un restaurant ou des toilettes sans s'être totalement abandonné pour renaître de fond en comble.

---

1. Maître zen né en 778.
2. En japonais, *mû* désigne le rien, le néant, le « n'est pas ». C'est la particule privative. Ce *koan* vise à nous sortir du dualisme : il y a / il n'y a pas, c'est bien / c'est mal, je suis heureux / je suis malheureux pour accéder au monde de *mû*.
3. Angelus Silesius, *Le Voyageur chérubinique*, *op. cit.*, p. 61.

Pratiquer le *mû*, c'est trouver
le courage de traverser le feu,
de tout abandonner
et de tout retrouver.

J'ai envie, je n'ai pas envie

Hier, j'ai proposé à Augustin d'aller nous promener. Il a répondu : « Je n'ai pas envie. » Fin pédagogue et moraliste, je lui ai dit : « Si tu marches à "j'ai envie" ou "je n'ai pas envie", "j'aime", "j'aime pas", tu n'as pas fini de souffrir ! » Entre nous, je ne fonctionne qu'à ce régime-là... Voir, diagnostiquer les rouages d'une telle mécanique et quitter gentiment ces boulets. Le Japonais Sawaki, un des plus importants maîtres du bouddhisme zen, me donnerait un coup de pouce : « Qu'importe le nombre d'années que vous passerez à méditer assis, de toute façon, vous ne deviendrez rien de particulier[1]. » Voilà une nécessaire mise en garde contre le désir d'être quelqu'un et de briller. Une voie spirituelle n'est pas une assurance-vie ! Il se peut que, dans dix ans, je traîne les mêmes blessures, voire pire. Et alors ?

---

1. Jean Smith, *365 jours zen*, Paris, Le Courrier du Livre, 1999, p. 134.

J'ai tout lu

La quête de la sagesse a lieu au cœur du monde, dans la famille avec ses engueulades, ses non-dits, ses joies. Aujourd'hui, je reviens de Yeoju, claqué. Dès que j'ouvre la porte, je découvre une femme épuisée et des enfants au comble de l'excitation. C'est dans ces moments-là, aussi, qu'il faut oser un « je t'aime ».

Au milieu de l'agitation, je n'ai pas oublié ce principe tout bête, la parole juste des bouddhistes : ne pas exagérer, ne pas mentir, ne pas bavarder inutilement, ne pas blesser. Sans cesse, je dévie pourtant de cette simplicité. Je prends une douche et le mental déverse son blabla assourdissant. À Séoul, je suis à bonne école : obligé de faire la diète des mots, d'inventer de nouveaux moyens pour me rapprocher des autres.

Sur ce chapitre, je viens de recevoir une leçon magistrale. Pour faire le point, j'ai envoyé au père la confession de tous les faux pas de ces derniers temps. Bien que je n'aie tué personne, j'ai sur la conscience quelques remords qui finissent par peser lourd. Pour m'en libérer, j'ai pris la plume et avoué un à un mes péchés. Puis, j'ai attendu avec impatience et beaucoup d'appréhension la réponse de mon maître. Comme à l'accoutumée, elle fut brève : « J'ai tout lu. »

Pas de leçon, pas de commentaire, pas de sermon, juste une énergique invitation à me mettre en route, à ne plus me figer dans la culpabilité et avancer. Aucun blâme !

« J'ai tout lu », c'est prendre acte, sans juger, et continuer le chemin. Le Christ comme le Bouddha, dans des contextes pourtant bien différents, nous délivrent d'un regard qui nous replie pathologiquement sur nos travers. Il nous éloigne de ce nombrilisme pour nous faire progresser loin de la fixation.

« J'ai tout lu », c'est redémarrer, renouvelé, repartir à zéro, avancer. J'en ai vu passer des confesseurs, mais aucun autre que lui ne m'a autant lancé vers l'ascèse avec ces paroles encourageantes, sobres, profondes, zen. À me rappeler la prochaine fois qu'un de mes enfants fera une bêtise, plutôt que de le sermonner et de me perdre dans des « Tu n'aurais pas dû », oser un simple « C'est bon ! », l'accueillir tel qu'il est et ensemble poursuivre la route.

Je vois bien qu'à chaque tourment intérieur correspond une idée fixe, une identification. « On n'aurait pas dû me traiter ainsi », « On me prend pour qui ? ». La culpabilité relève de la même mécanique : « Moi, comment ai-je pu faire cela ? » Tout ce qui vient décentrer est salvateur. Qui suis-je ? Un écrivain, un philosophe, une personne handicapée, un étranger, un papa… Dès que je m'enferme dans une étiquette, la souffrance surgit. C'est la grande leçon du Bouddha ! L'infirmité m'aide déjà à ne pas me réduire au corps. Ce n'est pas tout mon être qui se présente aux yeux des autres, ni aux miens d'ailleurs.

Hier, le père m'a dit qu'il n'y a aucune recherche de soi dans la rencontre avec Dieu...

Mon cow-boy intérieur

Le Bouddha n'est pas venu pour congédier toute souffrance, tout mal-être, ni pour combler la vallée de larmes. Quelle exigence ! Il nous apprend à vivre dans le *samsâra*[1] et à trouver la paix au cœur du tourment.

L'Ecclésiaste m'enseigne aussi cette vérité qui libère. Dans ce monde où tout s'effondre, c'est là que se découvrent la détente, la joie et la paix.

Quand le mental me joue des tours et que la pratique du zazen m'est pénible, je fais appel à une sorte de cow-boy intérieur. Le voilà qui rapplique sur-le-champ avec un immense chapeau, de grandes bottes en cuir, des éperons rutilants. Chiquant du tabac, un revolver à chaque main, il est prêt à dégainer. Je le prie de dégommer tout ce qui bouge. Dès que la moindre idée se pointe, il la descend sans autre forme de procès. Ça peut durer des heures ! À la fin, quand il a bien fait sa besogne, je lui demande d'aller jusqu'au bout, de ne pas s'arrêter en

---

1. Ce terme désigne le cycle des naissances et des morts auquel tous les êtres vivants sont soumis et dont nous pouvons nous libérer, selon le bouddhisme, grâce à la pratique inaugurée par le Bouddha.

si bonne voie et de décamper pour faire place nette à la paix.

Flinguer le mental mais renoncer à partir en guerre contre la réalité, cesser de voir partout des adversaires... La mort, la souffrance, les pulsions, les angoisses, les obsessions, tout se lève dans le ciel sans altérer le fond de notre être qui reste toujours intact. Tout prend naissance dans la conscience inconditionnée sans jamais l'entacher. Certains jours, je me sens d'attaque pour accueillir ce flot fabuleux à bras ouverts. En pleine tempête, je comprends que tout passe. Et je laisse passer.

Bien sûr, je me dispute parfois avec ma femme. Mais je sais que les colères, les fracas conjugaux appartiennent aussi au règne de l'éphémère. Tout est passager, provisoire, y compris le pire. Tout passe. Le problème, c'est que je ne parviens pas à laisser passer, je me cramponne et je souffre. La méditation me fait toucher du doigt le caractère transitoire de tout phénomène.

Un handicap, un deuil, une séparation, une douleur, ça n'a pas vraiment l'air d'être provisoire. Pourtant, si je regarde d'un peu plus près, je soupçonne qu'il n'y a pas deux minutes où j'appréhende mon infirmité de la même façon. Tout dépend des circonstances, de l'humeur et des ressources du moment. C'est encore le mental qui fige, fixe et affirme que je suis handicapé une fois pour toutes. Pour être vrai, je devrais sentir qu'ici et maintenant, j'éprouve le handicap d'une certaine manière. Je suis prié de ressentir la fatigue, instant après instant, plutôt que vouloir la gérer en bloc.

Tuer les certitudes

Une formule zen dit : « Si tu vois le Bouddha, tue-le. » Hier, en sortant des *mogyogtang*, j'ai senti au plus profond de mon cœur ma vocation : montrer qu'en toutes circonstances la joie est possible. Et sur le coup, j'ai écrit à mon maître : « Je vous aime d'un amour inconditionnel. Mais si la quête de la joie devait trouver le moindre obstacle en vous, je passerais mon chemin sans hésiter. » Cette liberté surgit précisément grâce à lui.

Tuer les idoles, le fanatisme, tuer les certitudes et naître. Le devoir ne remplacera jamais l'amour. Détruire les idoles nécessite beaucoup de patience et de douceur. Il ne s'agit pas de devenir un méchant aigri mais au contraire d'aimer toujours davantage. Tout se joue dans l'intériorité. Si tu te vois, tue-toi sur-le-champ ! Pour être à fond à côté des enfants, pour chérir pleinement ma femme, pour aimer le quotidien, le prochain, tue-toi !

Cette violence est d'une absolue douceur. Au-dehors, rien ne paraît. On se tue en souriant, non en grinçant des dents. Déchirer l'image de soi, c'est un moyen d'avancer avec les blessures, les faux pas, le handicap, les souffrances et l'immense imperfection dans laquelle nous évoluons. De ce meurtre naissent une simplicité, une bonté et un puissant amour.

Se recréer toujours, ne pas craindre de mourir. Et, autant que nécessaire, flinguer le personnage que je joue.

Mais si le zen excelle dans la pratique de l'électrochoc, c'est un devoir d'ajuster le remède au malade.

Et maintenant, je suis prêt à entendre l'appel de Nietzsche : « Que puis-je faire pour aider l'autre[1] ? »

---

1. Dans *Humain, trop humain*, Nietzsche donne ce conseil qui n'a pas fini de m'inspirer : « Le meilleur moyen de bien commencer chaque journée est : à son réveil, de réfléchir si l'on ne peut pas ce jour-là faire plaisir au moins à un homme », aphorisme 589.

Déchirer l'image de soi,
c'est un moyen d'avancer
avec les blessures, les faux pas,
le handicap, les souffrances
et l'immense imperfection
dans laquelle nous évoluons.

Merci

Ce matin, quand j'ai demandé un conseil à Augustin, il m'a répondu : « Demande à Dieu. » Après tout, je suis ici pour rejoindre la source de la sagesse, rompre les liens, m'avancer vers la joie, la paix et l'amour. Pour m'unir à Dieu, je m'y prends décidément mal si j'emprunte des voies toutes tracées. Pourquoi m'étonner que je fasse du surplace ?

Et si nous pouvions nous approcher de Dieu dans la joie, parmi les éclats de rire, dans la futilité même ? Ce matin, mon petit garçon m'invite à descendre en moi, gaiement, sans prétention, sans attente.

L'immense malentendu, c'est de rendre la foi austère, triste. En déconnant avec Junho, je touche aussi au sacré. C'est la Providence, je le crois sincèrement, qui a placé sur ma route ce compagnon qui réveille le gamin que je n'ai jamais osé être. Au karting, en rigolant avec lui, je vois et je ressens que la vie gagne du terrain. Si ma femme ou mon maître avaient été de vilains censeurs, des rabat-joie rabougris, jamais je n'aurais connu cette étape : rire, s'amuser. Après des soirées à déguster des cuisses de poulet devant des émissions télévisées, à faire le clown, c'est toujours renouvelé que j'ai fini la nuit par un zazen, et le dernier mot est venu du fond de mon cœur : merci.

La vie spirituelle m'éloigne de la dépendance, mais aussi de l'esprit de sérieux. Ce matin, le père m'a dit : « Je vous aime tellement, Hyecheon, mais le jour où vous voulez reprendre vos billes, n'hésitez pas une seconde ! » Ce sacré père me fait confiance jusqu'au bout et libère toujours plus celui qui aurait tendance à s'attacher au premier venu et à mendier de l'affection. En me quittant, il m'a rappelé : « Laissez-vous descendre à un niveau où la paix est inaltérable. Le chemin peut prendre des années mais laissez-vous, descendez ! » Après avoir précaution-nieusement remis mes chaussures, j'ai jeté un dernier coup d'œil à l'homme de Dieu, parfaitement immobile, en lotus. Il m'a souri avec ses yeux malicieux et pleins de bonté : « Regardez les vagues ! Même si elles font quatre mètres de haut, regardez-les passer tranquillement ! »

Se jeter en Dieu sans pourquoi

Descendre au fond du fond, entamer un dialogue avec Dieu, d'accord. La lecture des athées grinçants et des persifleurs de la foi laisse rarement indemne. Comment s'isoler dans une chambre, prier, sans imaginer leurs sarcasmes ? J'avoue que j'entends trop souvent leurs voix plutôt que celle de Dieu. Quelle prétention d'épiloguer sur le Seigneur sans se mettre véritablement à son écoute. Essayer de connaître Dieu, la joie, le bonheur et la sagesse autrement que par ouï-dire !

Dès que je me trouve seul et que je prie, les ricanements reprennent : « Tu te la racontes, Alexandre ! Tu parles à un mur, tu projettes, reviens sur terre ! Tu t'imagines vraiment qu'un Dieu est là pour t'écouter, disponible ? L'humilité, c'est nous, les athées. Toi, tu ne te prends pas pour la queue d'une cerise ! »

Il y a tant de boue, de galets, de glaise qui obstruent la *source de la sagesse*.

Le discours de certains croyants n'est pas mieux : « Que vas-tu faire chez les bouddhistes ? Tu ne peux pas servir deux maîtres à la fois ! Le zen, c'est la fuite, c'est tuer l'ego, mais on a besoin de l'ego. »

Augustin, comme tu as raison, il faut être courageux pour oser l'intériorité et quitter le blabla et les préjugés.

Pourquoi cet insatiable désir d'être approuvé, cautionné ? Nietzsche parlait d'esprit grégaire... Dans les bistrots, au bar, je recherche toujours un groupe auquel m'agréger. Dans la Bible, le commandement qui nous enjoint à aimer autrui suit celui qui nous porte à honorer Dieu. Je devine que c'est une libre et féconde relation à Dieu qui me débarrassera de ce sentiment d'avoir des comptes à rendre. N'en déplaise aux mécréants, je peux trouver une consolation en Dieu sans imposer à autrui la charge de me rassurer à tout prix.

Oser ce lien premier à plus grand que soi, sans voir rappliquer Freud, Nietzsche, Marx et compagnie. Ces auteurs, malgré eux, m'ont toujours rapproché de Dieu en décapant les caricatures et les projections. Dieu, personne ne l'a jamais vu.

Se jeter en Dieu, sans pourquoi, pas même à cause d'un paradis. À vrai dire, je me fous plus ou moins de la vie après la mort. J'aime Dieu aujourd'hui, maintenant. Ne m'apporterait-Il aucun repos éternel, je Le vénérerais tout autant. Maître Eckhart dénonce le croyant qui considère Dieu comme un valet[1] : « Fais-moi cela et guéris-moi », « Apporte-moi la paix », « Protège ma famille ». J'accomplis les commandements, je fais tout ce qu'il faut pour qu'en retour, Il me prodigue sérénité, santé et, tant qu'à faire, prospérité. Cela dit, saint Bernard vient nuancer en mon cœur la rigueur d'un Maître Eckhart en me rappelant qu'il n'est pas forcément mau-

---

1. Maître Eckhart, *Les Sermons*, *op. cit.*, sermon 59.

vais d'aller vers Dieu, de me jeter dans les bras du Père céleste conscient de mes limites, de mon insuffisance et de L'appeler à l'aide. Un premier pas, même intéressé, peut amener à l'amour pur de Dieu.

Les imprévus qui nous libèrent

Le mystique rhénan me donne le courage de concentrer ma prière et d'oser un « Que ta volonté soit faite » pour emprunter, d'instant en instant, le chemin du oui. Je suis en colère, oui. Rien ne va comme je le souhaite, d'accord.

Ne rien demander à Dieu, sauf une plus grande déprise de soi.

Le quotidien, quand il vient gentiment désorganiser mes plans ; Junho, lorsqu'il fait le mariole ; le handicap et son implacable exigence : tout me rapproche de Dieu. Se déprendre de soi n'a rien de triste. Résister à ce mouvement, oui.

Plus que sur la volonté et l'ascèse, je peux compter sur le secours de Dieu pour un petit coup de pouce. Et déjà, je suis rassuré car, jour après jour, les imprévus se chargent de me libérer de moi-même.

Se déprendre de soi
n'a rien de triste.
Résister à ce mouvement, oui.

L'art du moins

À peine avais-je posé les pieds en Corée du Sud que je m'attendais à une guérison, à un miracle. Mais ce qui soigne, c'est de suivre une voie sans trop dévier de la règle ni devenir pour autant un ayatollah. Sur ce terrain glissant, le père ne m'a jamais laissé miroiter un changement radical. Et c'est peut-être le gage de la profondeur d'un maître : il n'a rien à vendre, ne promet rien. Il accompagne le lent accouchement, la libération. Combien de fois quand je me débats contre les blessures, doucement il vient me rappeler saint Jean de la Croix. Il est peut-être plus ardu de se montrer patient que de ressusciter un mort[1].

La vie spirituelle c'est de tenter un petit décalage, ne pas se laisser emporter par la routine et les penchants pour sans cesse revenir au mystère de l'instant présent. Paradoxalement, il faut de nouvelles habitudes pour se *déshabituer* des réflexes, des automatismes, des inclinations. J'ai toujours aspiré à une vie de moine, bien organisée, simple, peinarde, fluide, limpide. Pourtant, je ne supporte ni le ronron quotidien ni la moindre contrainte.

---

1. Dans les *Conseils de spiritualité*, Jean de la Croix dit en effet que la patience est un cachet plus sûr que la résurrection des morts, CO 9.

Un malade qui changerait à tout bout de champ sa médication bousillerait bien vite sa santé !

Je rêve de la pureté du zen mais mon manque de goût m'en prive. Et cette valise pleine de bouquins : *Le Soûtra du dévoilement du sens profond*[1], le *Journal de l'âme* de Jean XXIII, *Frère François* de Julien Green, Les Évangiles, des livres sur l'Ecclésiaste, les *Sermons* de Maître Eckhart... J'arrête, j'étouffe.

Peut-être commencer par là : faire le tri et se détacher. Pour l'heure, travailler à fond *un* texte, s'en nourrir, le déguster, le savourer.

Mille intentions ne valent pas un acte. Je peux me réjouir à l'envi devant Maître Eckhart mais oser son détachement c'est autre chose : des actes, du concret, ici et maintenant. D'abord, jouer à traquer mes habitudes, perdre mes repères, laisser peu à peu tout ce qui m'importe tant.

Pour déménager jusqu'en Asie, j'ai dû dire au revoir aux Platon, Aristote, Dôgen, Nietzsche, Spinoza et Rûmî qui habitaient dans ma jeune, mais déjà grasse bibliothèque. Les pulsions jadis consuméristes se sont tout à coup, à l'orée de ce voyage, converties en désir de se libérer de tout. Joindre le geste à la parole et faire le ménage dans ma vie, m'a bien plus aidé que dix mille théories sur la liberté du cœur. La spiritualité, c'est être hyper réaliste, épouser son corps, le quotidien, dégager une méthode concrète, accueillir l'imprévu, garder les

---

1. Texte fondateur de l'un des deux principaux courants philosophiques de Mahâyâna indien.

pieds sur terre… Voilà ce qui nous sauve : un art de vivre, des exercices, une façon de se lever, de se coucher, de prier, d'aimer. Tout recommence chaque jour.

Gandhi a cette heureuse formule : « Il faut vivre simplement pour que d'autres simplement vivent. » Pour me délester, j'ai dû rallier à ma cause, non sans arguments serrés, mes enfants. Ensemble, nous sommes souvent allés à la déchetterie, ce temple de ma nouvelle liberté. Dans l'énorme poubelle publique, j'ai aperçu un petit crocodile en plastique, jadis propriété de Victorine. Ce jour-là, l'animal a semblé me faire un clin d'œil et, plein de malice, me susurrer : « Pense à moi la prochaine fois que tu achètes un bout de plastique. Observe autour de toi ! Tu crois que ces cartons de DVD défraîchis, ces télévisions éventrées, c'est le bonheur ? »

Quel rare bonheur, en revanche, de larguer les amarres, de risquer une autre vie !

Mais la vraie joie est arrivée plus tard, comme à l'improviste. Quitte à me libérer de Rûmî, de Platon et de toute la clique, je me devais de leur trouver une famille d'accueil. Tout naturellement, j'ai appelé la prison. J'avais trois coffres de livres à offrir. Ce jour-là, quand j'ai déposé les lourdes valises, j'ai souri en imaginant un détenu tout à la joie de découvrir la voie d'Angelus Silesius, et d'entendre les recommandations de Maître Dôgen.

Pour l'instant, ne pas oublier ce mot de Jean XXIII : « Hier, mon savant professeur d'histoire de l'Église a donné un excellent conseil qui me convient spécialement : lisez peu, lisez peu mais bien. Et ce qui est vrai

des lectures, moi je l'applique à tout : peu mais bien[1]. »
J'aime que le pape soit subversif et nous enseigne à
savourer davantage, à oser aller vers le moins quand
tout nous porte à consommer, à engranger. Le défi, c'est
d'apprécier.

D'un livre zen, je retiens aussi cette anecdote qui
transforme plus que tous mes rayons de bibliothèque.
Le maître Inoue donna un coup de pied dans un bidon
et demanda à son disciple : « Qu'est-ce que c'est ? »
L'élève se cassa longtemps la tête pour trouver la solu-
tion de ce *koan*. Comment ne pas se perdre dans les
spéculations ? Un jour, n'en pouvant plus, il frappa dans
le bidon. Et le maître simplement de dire : « C'est ça[2]. »
Taper dans le bidon de la vie spirituelle, c'est revenir
dans le monde, cesser d'être prisonnier du mental. Juste
m'en tenir à la pratique quotidienne :
  • Une heure de méditation.
  • Éviter de se goinfrer après seize heures. La fruga-
lité est en effet un plaisir qui s'éduque. De nature très
gourmande, j'ai trouvé ce compromis : j'essaie de sauter
le repas du soir, surtout quand j'ai abusé à midi. J'ai
commencé ce régime hier...
  • Donner un coup de pouce à quelqu'un dans le besoin.
  • Vivre sans pourquoi, se rendre disponible à ce qui
arrive.

---

1. Jean XXIII, *Journal de l'âme. Écrits spirituels*, Bourges, Cerf,
1964, p. 200.
2. Maître Kido Inoue, *Initiations au zazen*, Paris, Dervy, 1992, p. 110.

Le luxe de la gratuité

Du bon usage de l'argent dans la vie spirituelle. Voilà la question qui m'a hanté aujourd'hui !

Ce matin, à six heures, je me suis rendu à Sogang pour la méditation. Une pluie fine et glacée traversait mes vêtements. Sur le chemin, tandis que je marchais *dans ma tête*, j'ai croisé une vieille dame au milieu des voitures. Dans son gros chariot, elle trimballait une montagne de cartons, de papiers, de polystyrène. Du matin au soir, des hommes et des femmes ramassent les déchets et les rapportent au centre de tri pour récolter un modique salaire qui leur permet à peine de joindre les deux bouts.

Méditer sans pourquoi, et toujours garder à l'esprit la nécessité d'un engagement pour les autres.

Je repense à frère François, le fils du richissime drapier Bernardone. Il a carrément tout abandonné. Et pour inaugurer sa nouvelle vie dédiée aux miséreux et à Dame Pauvreté, il s'est dépouillé de tout. Nu.

Que suis-je prêt à laisser ici, tout de suite ? Mais le repas arrive et voilà que je dévore… L'appel du corps, la peur du manque me rendent vorace.

Tout ne s'achète pas. Même à coups d'ascèse. Il est grand temps de prendre un petit risque : la gratuité. Jusqu'à *mon* zazen, j'espère toujours que cela serve, que j'y gagne au bout du compte. Et si, aujourd'hui, je commençais par me payer le luxe de la gratuité ? Séoul est le cadre idéal pour tout lâcher. Personne ne m'attend au tournant.

Tout ne s'achète pas

La culpabilité m'a saisi. Je me suis enquis auprès de plusieurs personnes pour trouver un moyen d'aider la vieille dame d'hier matin. « Tu ne peux pas sauver la planète », « Il y a des organismes pour ce genre de situation », « Eux, ils ont les reins solides, pas toi ». Alors, au lieu de ruminer, passer à l'action : à qui puis-je réellement donner un coup de main aujourd'hui ?

Le zen me travaille et vient sans cesse m'interroger : Qui est ton Dieu ? Où sont tes idoles ? Si le dieu Argent est mort pour moi ou, plus précisément, s'il n'est jamais vraiment né, je dois avouer que j'entretiens avec lui un rapport bien compliqué. Un maître zen m'a sermonné à ce sujet : « Vous savez, Alexandre, votre façon de considérer l'argent comme des excréments montre que vous n'avez pas tout à fait réglé le problème. » C'est amusant, en coréen, les mots « excrément » et « argent » se ressemblent à s'y méprendre : *ttong* et *don*. Souvent, je me trompe...

Et les livres que j'acquiers ici, je me demande déjà comment je vais les rapatrier en Europe, au jour du retour...

Posséder, être possédé...

Je m'aperçois – ce n'est pas trop tôt – que tout ne s'achète pas. Tout ne se maîtrise pas. Les amis, par exemple, à part Junho, je n'en ai pas des masses. Ce n'est pas avec une volée de mails, quelques coups de fil ou en distribuant une poignée de cartes de visite que je *m'en ferai*. C'est un don qui arrive ou non. Ça ne se calcule pas.

À ce propos, je viens d'écrire au père pour me plaindre qu'ici, au Pays du matin frais, je n'avais pas de grand copain. Sa réponse m'édifie : « Qu'entendez-vous exactement par copain ? » Je dois l'avouer, je ne sais pas trop que rétorquer ! Pour être honnête, pour l'heure, ça serait déjà un dérivatif à la solitude, des compagnons de légèreté pour rigoler un peu, pour descendre des sommets abrupts du zen, pour m'oublier !

Sans forcément parler d'argent, on peut croire posséder : une idée, la vie, la santé, sa famille, son épouse, un ami… Hier, je disais à mon fils que, finalement, tout nous est prêté. Comme ces lits de chambres de motels que j'ai écumés. À Busan, Mokpo ou Itaewon, à chaque fois que je trouvais un coin plus ou moins tranquille, je voulais m'y installer. Le posséder en somme. Le Christ, au sommet du mont Thabor, n'a pas eu cette tentation. Il a connu la Transfiguration et, sans tarder, il est redescendu de la montagne pour rejoindre les siens et se donner à son prochain.

Je goûte un plaisir et, à peine celui-ci achevé, je m'évertue par tous les moyens à le retrouver.

La paix qui me rend visite ce matin, j'aimerais l'enfermer dans un coffre-fort. Lâcher ça et profiter, dans l'impermanence. Tout passe, donc laisser passer tranquillement... Le renoncement d'un saint François d'Assise ne tient pas de la tristesse. Il connaît plutôt la joie d'un prisonnier libéré de son cachot !

La banque affective

Dans l'affolant trafic, j'ai repéré la dame au chariot. Si le sort de ma famille en dépendait, je serais sans doute prêt à tout pour gagner de l'argent. Facile de le considérer par-dessus la jambe quand chaque jour je dors bien et mange mieux encore. Dénigrer ce que je possède ne me libérera pas. La vraie richesse c'est d'apprécier le quotidien. Toujours, je suis en quête de *ma banque à moi*, celle dont les coffres regorgeraient de sécurité, de confort, de reconnaissance, de plaisirs. Chaque jour, je suis libre d'emprunter ou non les chemins bien battus vers ces coffres illusoires. Si je peux, à l'heure qu'il est, me détacher de ce qui est matériel, c'est parce que je ne suis pas vraiment dans le besoin. Mais que dire de ma soif de sérénité ou d'affection ? Sur ce terrain, jour et nuit, je traîne encore mon chariot.

Exercice pour aujourd'hui : donner sans pourquoi, ne rien attendre.

La confiance
comme un océan immense

Quand tout semble s'écrouler, garder la foi, attendre paisiblement, laisser passer, c'est l'invitation que j'ai reçue aujourd'hui de Maître Eckhart. Rien que l'expression m'apaise déjà : « la grande confiance ». Je lis et relis mon guide : « De même que l'homme ne peut jamais assez aimer Dieu, il ne peut jamais lui témoigner trop de confiance. Aucune des œuvres qu'on pourrait accomplir ne produirait autant de fruits qu'une grande confiance en Dieu[1]. » Je me figure la grande confiance comme un océan immense qui accueille tout, même mon manque de confiance, les difficultés du jour et la ténacité de mes travers.

À cette école, j'ai bien souvent redoublé. La vie m'a prodigué tant de largesses que je crains que les robinets ne se ferment brusquement. Mes enfants sont mes maîtres. Ils ont foi en leur papa. Et peu leur importe qu'il souffre d'un handicap. Ils ne misent jamais sur la perfection pour commencer à s'abandonner.

J'idéalise tellement la confiance que je passe à côté de celle qui m'est offerte, ici et maintenant, dans le monde de tous les jours, avec les moyens du bord. J'attends une

---

1. Maître Eckhart, *Entretiens spirituels*, 14.

vie où tout roule comme sur des roulettes pour commencer à baisser la garde. Et pourtant, c'est dans cet univers fragile et menaçant que je dois m'abandonner.

Jean Anouilh a vu juste : « Dieu ne demande rien d'extraordinaire aux hommes. Seulement d'avoir confiance en cette petite part d'eux-mêmes, qui est Lui. Seulement de prendre un peu de hauteur. Après Il se charge du reste[1]. »

Sur cet immense chapitre, je suis loin d'être un spécialiste. Quand tout va au plus mal, j'ose lâcher ; mais si la vie me laisse la moindre marge, je me crispe, je résiste, je veux tout maîtriser.

Si je me méfie de cette mode de la confiance en soi à tout prix, je pressens pourtant que, sans elle, je ne pourrais survivre au flot de mauvaises nouvelles qui m'envahit dès que j'allume la télévision. Partout, l'injustice, la misère et la mort. Je dois trouver la confiance en plus grand que moi, en la vie, en Dieu, et non en mon misérable ego de paumé.

---

1. Jean Anouilh, *L'Alouette*, Paris, Le Livre de Poche n° 1153, p. 101.

Millimètre par millimètre

Tandis que j'écris ces lignes, enfermé à double tour dans la chambre du motel, j'entends la télévision. Junho, dans son lit, dort à poings fermés sans même avoir verrouillé la porte. Il faut dire que son gabarit, sa taille, ses muscles, parlent pour lui. On ne revient pas impunément de deux ans de service militaire au sein de l'armée sud-coréenne.

Faire confiance, c'est encore tout ramener à la volonté et donner des super pouvoirs à l'ego. Simplement *être* en confiance.

Tenter comme exercice ce premier pas : désapprendre la méfiance, la peur, pour retrouver le regard d'un enfant.

Quand nous prenons le métro avec Céleste, elle ne discourt pas : « Je suis au cœur de Séoul avec un papa infirme moteur cérébral. On va devoir monter pas moins de cent marches d'escalier. On va y arriver ou pas ? » Céleste grandit dans la confiance.

Si j'ai beaucoup de peine à descendre par étapes dans la foi, je pourrais déjà suspendre mes jugements et laisser passer les rengaines alarmistes de mon mental.

Une marche de plus et c'est l'abandon. Avancer millimètre par millimètre vers le moins et se passer de la lutte, de la maîtrise, renoncer même à la confiance.

Pour l'heure, c'est rigolo, mais je dois faire confiance à mon manque de confiance. Je sens qu'il renferme un trésor…

Avancer millimètre par millimètre
vers le moins et se passer
de la lutte, de la maîtrise,
renoncer même à la confiance.

Accepter de perdre les pédales

La confiance se conjugue au présent. Cesser de loucher vers l'après ! Parfois, quand je regarde les enfants, je me dis que, quoi que je fasse, la vie est un ruisseau qui court vers la mer, vers l'océan. Même si, dans les détails, le parcours peut paraître très sinueux. Évidemment, ce que j'appelle détails peut secouer avec brutalité. Mais l'expérience d'un calme profond est compatible avec les grandes secousses.

La question n'est pas de *gagner* en confiance mais de laisser partir la soif de maîtrise et d'accepter un peu de perdre les pédales. J'ai une immense foi en la pratique.

Finalement, faire confiance, c'est encore trop demander. Peut-être s'agit-il juste de cheminer sans rien faire et de s'abandonner seconde après seconde. Souvent, je cherche la sécurité là où il n'y en a pas. Depuis ce voyage, je commence à comprendre que je dois me jeter à l'eau, cesser de chercher des points d'appui inébranlables. Car il n'y en a guère !

Quand je regarde les enfants,
je me dis que la vie
est un ruisseau
qui court vers l'océan.
Même si le parcours
peut paraître sinueux.

Le soupçon, un instrument de vie

De la fenêtre, je guette le retour des deux grands. Ils ont disparu dans le passage souterrain pour réapparaître gaiement. Je me fais décidément bien trop de films quand il s'agit d'ouvrir prudemment les yeux. Je pourrais déjà avoir un peu confiance en leur capacité d'adaptation. À côté des scénarios catastrophes et du spectacle du pire, le miracle de la vie vient désamorcer mes craintes. Et mon histoire, qui m'a légué bien des traumatismes, me fait aussi voir, si j'y réfléchis deux minutes, que l'on survit. Tout est en ordre, en cet instant.

Bien sûr, on va tous mourir. Évidemment, certains pessimistes, tôt ou tard, seront dans le vrai. Raison de plus pour repérer ce qui va bien et s'en nourrir le plus possible. En somme, deux écoliers me délivrent, jour après jour, un message rassurant. Fragile cadeau, tendu énergiquement par des enfants.

La foi, c'est désapprendre peu à peu le soupçon ou, mieux, s'en servir comme d'un outil pour déjouer notre sombre appréhension du réel.

Homme de peu de foi, que ta méfiance, sur-le-champ, rende l'âme !

Déconnades thérapeutiques

Ce matin, je me réveille dans ce motel de Sinchon où, pour cinquante mille wons, je suis descendu. J'ai fait de l'ordre et je me suis lavé. Dans la chambre d'à côté, manifestement, un couple fait l'amour. À l'entrée, en bas, des jeunes, timides, viennent se livrer à leurs premières étreintes, loin de la maison et de leurs parents.

Sous la douche, je frotte chaque parcelle de mon être qui tout au long du jour va écrire, méditer, manger, éclater de rire avec Junho. Je me trouve ingrat de mépriser ce corps qui a donné trois enfants au monde. Aujourd'hui les douleurs physiques se sont éclipsées.

Le corps, l'âme, l'esprit, la chair, que de mots pour désigner un tout. Hier, Junho a lavé la bête, paternellement. Après m'avoir rasé de près, le garçon m'a fixé dans les yeux et a dit, moitié en coréen moitié en anglais : « Toi, sans handicap, tu aurais toutes les Coréennes dans ton lit, *brother* ! » Je n'ai pas su comment le prendre : « Hyecheon, dès que vous vous fixez quelque part, dès que vous vous identifiez à une image, la souffrance surgit. Le Christ ne s'est jamais identifié à un rôle, il n'était que pure liberté. »

Comment dire à Junho qu'un Alexandre sans handicap serait tout autre. Les hypothèses ne mènent à rien. Dans la salle de bains, il y a deux hommes, deux sourires, quatre pieds, quatre mains, deux paires de fesses et un handicap, quatre yeux qui s'amusent, c'est tout. L'infirmité fait partie du décor, sans plus. Tout est à sa place.

Avec Junho, sous la douche, loin des livres et du sérieux, loin des rôles, je meurs pour renaître joyeusement. Moment de déconnade, de douce insouciance qui vient gentiment alléger une âme. En Europe, combien de garçons se sont refusés à cette fraternelle complicité ! J'ai longtemps prié pour que la blessure s'en aille, qu'elle me laisse enfin en paix. Je n'ai pas toujours dit merci à ce corps. Sans jamais le haïr, je l'ai trouvé encombrant, laid.

Le traumatisme remonte à ces vestiaires de mon enfance, à une barrière infranchissable entre la pièce dévolue aux garçons normaux et « le coin des personnes handicapées ». Si j'entre dans ces détails, c'est uniquement pour que ne se reproduise plus cette sorte de ségrégation. Tout le monde devrait être éduqué à la même enseigne.

Les blessures ne sont pas toujours là où nous croyons. Combien de tristes raisonneurs m'ont lancé des : « Va consulter, ça t'aidera ! » Heureusement, j'ai trouvé ailleurs des médecins, sans blouse blanche ni divan, qui me soignent en riant et sans compter, par leur amitié et leur amour.

Même si c'est de l'histoire ancienne, pâture d'un mental qui se plaît à s'obséder, je retiens de tout cela une plus grande attention aux traumatismes des autres. Avant de dire « Va voir un psy ! » ou « Mais qu'il se flingue ! », se demander : Que puis-je faire concrètement pour soutenir mon prochain ?

De l'extérieur, ça paraît complètement dingue d'avoir besoin de faire le clown sous une douche… De l'intérieur, ça change tout et ça guérit ! Les yeux qui s'arrêtent à la surface et qui jugent empêchent bien des miracles.

Au milieu des éclats de rire, sous la douche, j'ai aussi songé à ma femme qui m'épaule et qui m'aime jusqu'au bout. Quelle liberté, quel amour pur ! Sa confiance absolue me guérit jour après jour.

Les yeux qui s'arrêtent
à la surface
et qui jugent, empêchent bien
des miracles.

Des cures de gratitude

La gratitude comme antidote à l'insatisfaction, comme prise de conscience que j'existe aussi grâce à l'autre, n'a pas fini de me délivrer…

Je vis grâce à cette truite grillée, ce chou mariné, cette limonade et le sourire de ma femme.

Tout à l'heure, Junho va m'aider à me raser, puis mon bon professeur de coréen m'appellera sur Skype en réclamant, pour unique salaire, des progrès.

S'offrir des cures de gratitude pour se rééduquer, redémarrer à tout âge. Non, ce n'est pas tenir compagnie à monsieur Coué que de se concentrer sur le bien.

Je peste en face de ce plat immonde, mais j'oublie de me réjouir devant ce mets bien préparé chaque jour par mon épouse.

Non, ce n'est pas mièvre de s'émerveiller ! Se rapprocher du réel, bien ouvrir les yeux, être là. Orienter le regard sur tout ce qui va bien. Ce qui contrarie, et ça ne manque pas, se rappellera très vite à nous !

Dire merci, au fond, c'est sentir que tout circule, se partage, se donne et se reçoit. Un pas de plus et, certains jours, je peux même témoigner quelque reconnaissance envers l'épreuve et le handicap.

Maître Eckhart m'y aide : « Dieu donne à chacun ce qui vaut le mieux pour chacun et lui convient. Pour tailler un vêtement à quelqu'un, il faut le faire à sa mesure ; un vêtement qui irait à quelqu'un n'irait pas du tout à l'autre. Chacun reçoit selon ce qui lui convient. Ainsi, Dieu donne à chacun ce qui vaut le mieux pour lui, ce que Lui, qui sait, reconnaît pour le plus convenable[1]. » Redoutable conversion du regard exigée par le mystique. Tout ce qui arrive est le meilleur pour moi, même cette immense tuile qui me tombe dessus.

La chance, c'est de faire avec sa malchance.

Si de mon cœur sortent des « merci », plus encore de ma bouche s'échappent des « bon sang », des « merde », des « j'en ai ras le bol ».

Tout est exercice, chemin de libération...

---

1. Maître Eckhart, *Entretiens spirituels*, chap. 23.

Regarder le mental qui s'agite

Quand l'esprit est trop secoué, il me faut voir que je *non médite*. Juste regarder le mental qui s'agite, c'est déjà méditer. Ne rien faire, rester attentif et contempler simplement ce qu'il y a dans la conscience, ce ciel infini que rien ne peut perturber, observer le corps du dedans, prendre note de chacune des crispations et des douleurs, repérer quand ça lâche. Laisser rappliquer encore et encore les obsessions qui s'éteindront d'elles-mêmes. Et si ça turbine là-haut, d'accord !

En zazen, l'exercice est simple : ne rien vouloir, pas même faire le vide et, humblement, paisiblement, m'apercevoir que je suis à cent lieues de méditer. Voilà qui déjà provoque une heureuse rupture !

Parfois, quand Augustin sort un peu de ses gonds, je le prends par la manche et nous nous réfugions dans sa chambre, bien au calme. Tous deux, nous nous livrons à un exercice facile et cent fois répété. Certains textes bouddhiques comparent le mental à un petit singe : l'animal fou, de branche en branche, saute, voltige. Avec une infinie bonté, s'approcher de lui et tout doucement lui souffler : « Gentil singe, calme-toi ! » Réitérer l'exercice aussi souvent que nécessaire et ne jamais, au grand jamais, élever la voix contre la bestiole en furie. J'aime cette façon de s'adresser à l'ego, à nos peurs et à l'agitation. Par la force, avec la volonté, on n'arrive à rien. Le mental se libère millimètre par millimètre plus qu'il ne se laisse dresser.

Désobéir à l'égo

Je suis venu ici pour m'initier à la méditation et plus je *progresse*, plus je m'aperçois qu'elle m'échappe. La tentation est grande de vouloir la maîtriser et d'en faire une technique, un attirail de recettes pour aller mieux.

Méditer, c'est s'exercer à dire oui seconde après seconde. Oui à mes imperfections, à mes tourments. C'est une école d'obéissance, obéir au réel tel qu'il se donne, âpre parfois, doux par moments, souvent creux et aride. Je dois aussi me débarrasser de cette volonté de trouver des réponses à tout et de cette irrépressible soif de consolation. Je prête trop d'importance à mon ego pour piteusement lui obéir au doigt et à l'œil lorsqu'il s'agit de descendre et d'écouter plus profondément la *source de la sagesse*. Mon nom coréen, *Hyecheon*, me rappelle, lorsque je m'évade à l'extérieur, la parole d'Angelus Silesius : « N'adresse pas des cris à Dieu, c'est en toi qu'est la source ; n'en bouche pas l'issue et elle coulera pour toujours[1]. »

Je m'aperçois que je suis un homme sous influences.

---

1. Angelus Silesius, *Le Voyageur chérubinique*, *op. cit.*, p. 67.

Il y a toujours un bavardage qui embrume mon esprit et les réelles occasions de silence sont très rares.

S'efforcer de regarder passer tout ça sans intervenir, sans même essayer de changer quoi que ce soit.

À l'école de la patience

Je suis censé être en année sabbatique. Certes, je dois étudier un peu, prendre des cours, apprendre les rudiments de la langue, mais tout cela me laisse tout de même pas mal de loisirs. Je cherche des copains, des divertissements, de la distraction. Le père m'exhorte à quitter ce mode de vie pour oser le moins, comme, par exemple, éteindre l'ordinateur, déconnecter Facebook… On dirait que je préfère l'agitation au vide, faire la toupie plutôt que de me mettre au vert. Au lieu de risquer un regard contemplatif et gratuit sur le monde.

J'en ai bavé et j'exige de l'existence comme une sorte de réparation, qu'elle paie enfin les arriérés qu'elle me « doit ». Voilà l'atterrant calcul du mental ! Or, le bonheur c'est d'en faire moins, déjà un peu moins.

Le temps, c'est de l'argent, mais bien plus, c'est de la paix. Qui renonce à courir s'approche à grands pas de la joie et de la sérénité. Souvent, je me dis que le mental est un petit singe qui ne supporte pas le calme, qu'il lui faut sans cesse agir pour se sentir vivre. Depuis que je traîne mes baskets en Corée du Sud, je me suis résolu à tenter de ne jamais hâter le pas. Tu parles… Aussitôt né en mon cœur, cet engagement a volé en éclats ! Je cours au magasin, aux toilettes, à ce rendez-vous. Pire, le téléphone, les e-mails, un feu rouge, mille et une occasions qui me font m'agiter... Parfois, je pars en cure, je m'installe devant un carrefour bien bondé et je contemple : des milliers de petits singes piquent un sprint dans des têtes de tous âges et de toutes races.

Mon maître me forme pour que je perde mes illusions et que je sorte de l'idolâtrie. Je n'aurais jamais imaginé voir, au temple de Jogyesa[1], un moine accroché à son téléphone portable, prendre ses jambes à son cou pour griller un feu rouge... On est loin de la marche de l'éléphant et de ma mythologie zen !

La dictature du *tout de suite*, le désir de gagner du temps n'ont pas fini d'étendre leurs ravages. Il me faut réapprendre de toute urgence à attendre et patienter... dans la queue d'un grand magasin, dans le métro. Tout est école.

L'Ecclésiaste m'y aide assurément. Je lis et relis ces paroles, bien connues, issues de la géniale traduction d'Ernest Renan : « Il y a temps pour tout, et chaque chose sous le ciel a son heure :

Temps de naître et temps de mourir,
Temps de tuer, temps de guérir,
Temps de planter, temps de détruire,
Temps de bâtir, temps d'arracher,
Temps de gémir, temps de danser,
Temps de pleurer et temps de rire.
Temps d'assembler les blocs, temps de les disperser,
Temps d'aimer les baisers et temps de les maudire,
Temps de poursuivre un rêve ou de se l'interdire,
Temps d'aimer un objet, temps de le repousser.

---

1. Temple zen en plein centre-ville de Séoul.

Temps où l'on coud, où l'on déchire,
Temps où l'on parle, où l'on se tait,
Temps où l'on hait, où l'on soupire,
Temps de la guerre et temps de paix[1]. »

Il faut bien du courage quand tout va mal et que tout tourne en rond, pour juste continuer. Pour ne pas sur-réagir et se montrer patient. Ni les éducateurs fatalistes ni les âmes résignées ne m'ont transmis le goût de la patience. La voie qui m'y conduit, c'est l'amour, la joie, la gratitude. J'ai redouté qu'elle dérive de la lâcheté alors qu'elle est une bénédiction de la vie, qu'elle est sœur de l'audace, de la force et de la confiance.

Sans une saine impatience, je ne serais plus de ce monde. Qui accuserait celui qui, sur le point de se noyer, se jette sur une bouée ?

---

1. L'Ecclésiaste. *Un temps pour tout*, traduction Ernest Renan, Paris, Arléa, 1990, chap. V.

Il faut bien du courage
quand tout va mal
et que tout tourne en rond,
pour juste continuer
et se montrer patient.

S'abandonner à la vague

L'injonction « Sois patient » me stresse et me révolte. À certains moments, elle relève même de la maltraitance : « Tu patauges, tu rames, sois patient ! Ça ne va pas durer ! » Aucune de ces plates sentences ne sauve !

Commencer par envisager la patience comme une disponibilité qui ne tourne pas fatalement à la résignation. Bien des fois, il nous faut patienter au cœur du feu, dans la blessure même. Djâmî, poète soufi du xve siècle, a dit : « Tu désires, par la mystique, échapper à toi-même. Il faut supporter la blessure de cent épreuves sans bouger de ta place. » Djâmî exigerait-il l'impossible ? Il me fait comprendre que ce qui m'est demandé, ce n'est pas de patienter tout le temps mais bien de m'abandonner, juste maintenant, en cet instant. Après, on verra !

Si Pascal suggérait aux mécréants d'imiter les gestes du croyant pour ouvrir les portes de la foi, l'impatient ne devrait-il pas imiter la force calme d'un cœur serein ? En gros, sans bouger de ma place, ne rien faire et simplement m'activer à regarder passer la vague, quitte à être submergé au passage.

Un ange gardien

Ce matin, un ange gardien a sonné énergiquement à la porte. À chaque fois qu'il vient c'est le branle-bas de combat ! Il me demande ce qui me tracasse et m'aide à résoudre les obstacles un par un. Bien organiser le quotidien aide à pacifier l'esprit. J'ai longtemps sous-estimé l'importance des détails, de la manière de structurer la journée, de réagir à l'urgence, d'accueillir l'imprévu, de ranger la maison, de bien me nourrir, d'aller tôt au lit, de rendre concrètement service aux autres et de me reposer…

Vivre sans pourquoi requiert – sommet du paradoxe – de la rigueur, voire une méthode, en tout cas un art. Il faut être particulièrement doué pour improviser en la matière. Chaque fois que j'ai bâclé mon emploi du temps, je l'ai payé. Bref, encore et toujours, cette invitation à en faire moins et à se libérer le plus possible.

Alléger dès maintenant l'agenda, et le reste, pour me rendre disponible. C'est aussi au cœur de l'agitation et des tourments que nous devons vivre, d'où la nécessité de mettre de l'ordre, d'être clair et précis, juste.

Après m'avoir coupé les ongles des pieds et des mains, mon amie coréenne a reprisé un vêtement que dans leur enthousiasme les enfants avaient mis à rude épreuve.

« Pourquoi fais-tu tout ça pour nous ?

– Je suis une amie du Bouddha.

Lorsque j'étais en Suisse, je n'ai pas fait grand-chose pour les autres. Pourtant, je suis l'ami de Jésus !... »

Plus tard, nous courons à l'Immigration Office pour régler une bête histoire de cartes pour les étrangers. Devant ma panique, mon ange me rassure : « Comment vit-on ? Comment meurt-on ? Ça, ce sont des questions vraiment importantes, mais chaque jour il y a des micro-problèmes et il faut les traverser un par un. » Soudain, je suis comme assommé, forcé malgré moi d'être calme. J'ai affaire à un ange non seulement parce qu'il relativise les tracas quotidiens, mais aussi parce qu'il mouille sa chemise pour m'aider à les résoudre !

En me quittant, elle m'annonce que je dois encore me rendre à l'école des enfants remplir un formulaire. Elle me tend un papier que, dans ma hâte, je ne lis même pas. Je cours chercher Victorine et, tous deux, nous nous précipitons à l'école. Elle me demande qui nous allons voir. Je lui dis que j'en ai aucune idée. Elle lâche : « Finalement, on a rendez-vous on ne sait pas où, on ne sait pas quand ni avec qui ! » Je ne peux qu'éclater de rire devant cette belle image de la vie. Dans la cour, le gardien griffonne sur un billet une indication que je ne parviens pas à déchiffrer et Victorine de me dire : « Papa, tu tiens le papier à l'envers. On a rendez-vous avec madame Kim dans la salle des maîtres ! »

C'est clair, la constante agitation du mental n'arrange rien et sans doute a beaucoup à voir avec le sentiment de fatigue, de lassitude et de tension qui serre la tête comme dans un étau. Arrêter de courir, c'est risquer de tomber. Ça demande un sacré effort. Vivre sans pourquoi, alléger, lâcher, éviter la dispersion.

Pour l'heure, je laisse passer les microproblèmes. Ce serait pas mal, comme pratique, d'essayer, une fois par mois, de devenir l'ange gardien de quelqu'un, abandonnant les gros sabots de la soif de reconnaissance pour se munir des ailes de la charité et de l'efficacité.

S'unir à Dieu, c'est du concret. Saint Jean Climaque me donne des ailes : « Celui qui aime le Seigneur a commencé par aimer son frère, car ce second amour est la preuve du premier[1]. »

---

1. Saint Jean Climaque, *L'Échelle sainte*, Abbaye de Bellefontaine, 2007, p. 337.

Se nourrir de ce qui est bon

Il a suffi que je tombe sur un premier manuel bouddhique pour me lancer dans une espèce de frénésie ascétique. Dans la vie, on ne maîtrise pas grand-chose alors autant pratiquer à fond ce qui nous fait du bien. Si je ne m'étais pas gentiment *forcé* à méditer une heure par jour, j'aurais sans doute dépéri depuis longtemps ! Des grands chantiers de l'existence, le rapport au corps n'est pas le moindre. Depuis que j'ai lu que certains moines prennent un repas par jour, je m'efforce de les imiter. Inutile de dire que se dressent sur ma route mille occasions qui me font saliver ! Ce petit exercice porte des fruits exquis. Tout d'abord, quand j'ai la fringale, j'essaie de me mettre immédiatement en communion avec toutes celles et ceux qui souffrent de la faim.

Au commencement des repas, dans certains monastères, on récite : « Cette nourriture, je la prends comme un remède qui conservera la santé de mon corps, mais je n'oublie pas en l'acceptant qu'elle doit servir à mon élévation spirituelle[1]. » Pas mal pour ouvrir l'appétit et refréner un tout petit peu notre voracité !

---

1. Claude Durix, *Cent clés pour comprendre le zen*, *op. cit.*, clé 28.

N'empêche que là où travaillent les instincts, que ce soit le sexe ou le ventre, il faut une bonne dose d'efforts et de détachement pour *résister* aux tentations ou, mieux, les laisser passer. Réapprendre à manger pour ne pas se laisser bouffer. Depuis que je me livre à ce petit ascétisme alimentaire, j'apprécie d'autant mieux ma pitance que je la savoure avec délice. Mais, surtout, j'ai l'impression de faire davantage corps avec mon corps, d'écouter son rythme et d'épouser ses lois avec un peu plus de légèreté. Comme en tout, le défi sera de persévérer dans cette pratique, de ne pas passer d'une lubie ascétique à une autre.

Touchant à la nourriture, je m'aperçois qu'il y a bien plus derrière ce geste que le banal remplissage de la panse, bien plus aussi que le plaisir d'engouffrer un mets succulent. Comme pour le sexe, l'homme qui souffre d'un manque cherche à compenser les carences de son cœur à l'aide d'un paquet de chips, d'un steak ou d'une caisse de bières.

Et je parie que celui qui connaît fondamentalement la détente et la paix n'est enchaîné par aucune dépendance.

C'est d'ailleurs la spiritualité du lumineux saint François : ne pas méchamment fustiger les plaisirs, mais se nourrir de ce qui est bon.

Toujours au chapitre de la table, je me suis figuré que la conscience ressemblait à une immense marmite dans laquelle flottent mille et un aliments. Parfois, on tombe sur un oignon qui nous arrache des larmes, sur un mets succulent plein de douceurs, plus souvent encore sur un produit totalement insipide. Tout tient dans ce gigantesque bouillon. Et quand on y pêche un oignon, se dire immédiatement que ce n'est rien de plus qu'un oignon dans la grosse marmite.

Au fond, je m'aperçois que je ne sais pas manger. M'empiffrer, avaler à la va-vite de la nourriture de fast-food, ça oui, mais la capacité de transformer un repas en un moment sacré m'échappe. Les manuels bouddhiques dégagent de magnifiques pistes pour les goinfres de mon espèce. Par exemple, on peut se rappeler l'origine de la patate douce que l'on est en train de croquer. Elle a grandi dans la terre, grâce à la bienveillance de l'univers et aux mains d'un paysan sans doute mis à rude épreuve. Pour finir dans mon assiette, elle a dû être transportée par un camionneur, emballée dans des caisses… Une patate douce peut ainsi donner l'occasion de s'exercer à la gratitude.

De même, quand j'avale une délicieuse entrecôte, je peux penser à cette vache à laquelle on a ôté la vie exprès pour moi. Mais il y a encore mieux que de dire merci à l'animal, c'est de s'abstenir tout bonnement d'en manger. Je suis un végétarien non pratiquant. Je crois vraiment qu'il serait juste d'arrêter de consommer de la viande, mais à l'Institut pour personnes handicapées dans lequel j'ai grandi, on m'a tellement servi des semelles dégueulasses que je m'étais juré, enfant, de rattraper le temps perdu et de m'offrir plus tard de bons steaks. En attendant de franchir le pas et de ne plus infliger au règne animal la voracité de mon estomac, je continue de réparer bêtement les carences de jadis…

Réapprendre un art du repas pour célébrer avec reconnaissance la fécondité de la vie, voilà pour le menu ! L'exercice vient contrecarrer notre penchant naturel à devenir la proie du plaisir. Il pourrait être une cerise sur le gâteau, mais la cerise nous fait bien souvent perdre l'esprit.

Se rappeler enfin que je mange pour grandir, pour descendre vers la sagesse, pour restaurer mon corps qui marche vers le salut. Je prends soin de ces jambes, de ces mains, de cette tête pour qu'ils puissent devenir plus charitables.

Ici, j'apprends à ne jamais jeter la nourriture. Dans la tradition du zen, c'est strictement interdit. Une histoire rapporte que deux aspirants moines, qui faisaient route vers un monastère où ils voulaient se faire novices, virent passer dans la rivière un poireau. Quand l'un d'eux aperçut le légume abandonné, il s'exclama : « Voilà un monastère où l'on gaspille les aliments. Nous ne saurions y faire de bonnes études. » Soudain déboula un moine qui criait : « Vous n'auriez pas vu passer un poireau[1] ? »

Depuis que je vis en Corée du Sud, je suis souvent très étonné par ce que j'aperçois sur la table. Mais là aussi, délicieux enseignement : accueillir tout ce qui se présente dans l'assiette avec une largesse de cœur et d'esprit.

---

1. *Ibid.*

Dans l'antichambre du paradis

En rejoignant la Corée, très naïf, je m'imaginais croiser des bouddhas à chaque coin de rue. Dans la supérette du quartier, ouverte vingt-quatre heures sur vingt-quatre et sept jours sur sept, j'ai surpris le patron en train de battre sa jeune employée. Retour à la réalité !

À la caisse, Victorine a détourné les yeux. Il giflait cette fille qui, du matin au soir, vendait du produit vaisselle, du soju, de la bière et des poulpes ! J'aurais voulu devenir son ange gardien, rendre justice, l'arracher à son sort. Mais que faire ? Piteusement, j'ai quitté l'échoppe.

D'ordinaire, la tournée des magasins, grands ou petits, m'enchante. Je crois toujours qu'il existe des lieux pour combler le vide, pour s'approvisionner. Récemment, un Coréen, en ouvrant mon frigo, m'a demandé si je craignais une prochaine attaque de la Corée du Nord, tant il y avait de vivres... La peur de manquer se fraie des chemins jusqu'au moindre détail de la vie quotidienne.

Avec les enfants, nos expéditions commencent au supermarché. En faisant nos courses, il est tant de choses à déguster qu'il y a bien de quoi manger à l'œil pour quatre. L'autre jour, Augustin a crié : « Regarde, papa, le crabe, il bouge encore ! » Triste spectacle d'un animal emballé vivant par la cruauté des hommes !

Se promener dans ces allées bourrées à craquer est à chaque fois une leçon. De quoi ai-je vraiment besoin ?

Dans les magasins, mon but a désormais quelque peu changé. Je n'y cours plus pour tenter vainement de combler le manque. Je m'y rends pour me détendre, regarder, observer et déguster la vie. Ma joie, c'est de ressortir les mains vides, mais le cœur encore chaud et, pour tout dire, la panse un peu plus pleine qu'à son arrivée. On ne se refait pas !

J'imagine Jésus et ses disciples au milieu de ces étals, à côté des choux et des salades, près du poissonnier ou avec la bouchère, qui, un couteau à la main, se fend d'un large sourire. Pourquoi se représente-t-on Dieu, perché là-haut dans les nuages, jugeant sévèrement les hommes et les femmes ? Et si ce supermarché était aussi un temple, une vibrante église ? Cette dame, tout occupée à dénicher la meilleure offre, ce retraité tâtant une pastèque. Tout cela n'est pas futile.

En cette « cathédrale » de cinq étages, il me plaît de demeurer en silence et de savourer à fond les plaisirs de l'abstinence. Non, je n'ai guère besoin de cette télévision géante. Et quelle liberté de passer sans broncher à côté du paquet de chips ! Plus que tout, j'enseigne à mes enfants à être généreux. Par exemple, je les invite à céder notre place, dans la queue, aux personnes âgées. J'aime l'idée que le *shopping center* devienne l'antichambre d'un paradis où les derniers seront les premiers. Et si les portes du ciel se poussaient aussi à coups de petits actes anodins, presque insignifiants ?

La joie de se libérer

Embouteillages, imprévus, engueulades, crises de nerfs, fatigue, découragement… La prière tient d'un état d'esprit, d'une disposition intérieure, d'une ouverture à la vie. Dans sa hardiesse, Maître Eckhart fait bien de le rappeler : « Attache-toi à Dieu et tout bien s'attachera à toi. Cherche Dieu et tu trouveras Dieu et tous les biens avec Lui. Oui vraiment, dans de telles dispositions, tu pourrais simplement mettre le pied sur une pierre que ce serait déjà une œuvre divine – bien plus, en tout cas, que si tu recevais le corps de Notre Seigneur en pensant à ton intérêt et sans t'être assez détaché mentalement ! Qui s'est attaché à Dieu, Dieu s'attache à lui, ainsi que toute vertu. Ce qu'avant tu cherchais maintenant te cherche ; ce qu'avant tu chassais maintenant te chasse ; ce qu'avant tu voulais fuir maintenant te fuit. C'est pourquoi, celui qui est bien attaché à Dieu voit s'attacher à lui tout ce qui est divin et fuir tout ce qui n'est pas semblable mais étranger à Dieu[1]. »

Il suffit de rester vigilant et de se rappeler qu'en rentrant dans ces temples de la surconsommation, si nous lâchons un peu la bride, on y perd pas mal de plumes.

---

1. Maître Eckhart, *Entretiens spirituels*, V.

Bien regarder en face notre besoin de consolation qui, insatiable, nous fait acheter au rabais bien des plaisirs. La joie c'est de se libérer, se dépouiller, se désencombrer. Ne jamais *déserter* l'instant présent pour connaître vraiment le repos et la satisfaction !

Tout se reçoit

Si j'aspire si fort au détachement, comme un naufragé agrippé à une bouée, c'est que je sens que le cœur est assoiffé. Le matériel ne lui offre que de courts répits. Vanité des vanités, tout est vanité ! Vanité de croire qu'un magasin, aussi vaste soit-il, puisse nous rassasier. Illusion de penser qu'il suffit de prendre l'avion et de méditer une heure par jour pour que les traumatismes et les émotions perturbatrices s'envolent.

Alors, qu'est-ce qui sauve ?

Rien, peut-être ! À part accueillir, désarmé, ce vide. Impossible de bricoler à la va-vite des solutions palliatives au manque. Je me surprends à vouloir acheter la guérison et je visite le Bouddha ou le Christ comme on se rendrait chez un concessionnaire : « Bonjour, vous n'auriez pas un truc pour moi ? »

Tout ne se donne pas... Tout se reçoit.

Tendre une oreille juste

Junho, c'est mon maître en légèreté ! Hier, à ses côtés, venu glaner je ne sais quel instrument pour mon salut, je suis entré dans une échoppe bouddhique comme je serais allé chez un concessionnaire. On instrumentalise tellement la spiritualité. Junho arborait son merveilleux sourire banane. Je me disais justement que je commençais à apprécier la vie sans forcément penser au pire.

Soudain, une rampe que je n'avais pas vue ! J'ai fini dans l'étagère qui abritait de la porcelaine, des gongs, des chapelets, et tout un attirail d'icônes de Bouddha… Une magnifique théière de l'époque des Han a survécu de justesse. Je m'en suis tiré avec quelques égratignures et nous nous sommes bien marrés. Vivre, c'est souffrir et éclater de rire…

D'ailleurs, petit exercice proposé par un moine bouddhiste : cesser les commentaires intérieurs et ne pas faire une montagne de tout. Si un individu nous jugeait comme on se juge en permanence, on aurait tôt fait de le haïr.

Le premier pas vers l'acceptation, c'est de repérer ce que l'on n'accepte pas et de constater que ce n'est pas un problème. J'ai paniqué ce matin : les enfants étaient en retard, ils ont poussé l'insouciance jusqu'à traverser juste avant que le feu ne passe au rouge. J'ai gueulé dur. Si seulement je m'étais écouté un instant, peut-être aurais-je compris que ce qui m'habitait, ce n'était pas la colère, mais une frousse inouïe : « Surtout, ne mourez pas ! » C'est fou la façon dont la peur et les angoisses peuvent parfois se camoufler. Apprendre à bien prêter l'oreille à tout ce qui se lève en nous…

Oui, à certains moments, il peut m'arriver, lâchons le mot, de presque *haïr* ceux que j'aime le plus au monde. Mais cela ne m'affole pas. Un cœur humain est si vaste qu'il peut bien loger quelques paradoxes. Ce qui m'inquiéterait, c'est que cette colère s'épaississe, se solidifie et se change en rancœur tenace. Que je pète un câble pour un feu rouge, rien d'alarmant, mais ne jamais en venir à mettre des conditions, des réserves à l'amour que je porte à mes proches ; là, je commencerais à me poser des questions.

Un cœur humain est si vaste
qu'il peut bien loger
quelques paradoxes.

Dans la tempête apaisée

Si je récapitule, je vois bien qu'il s'agit de descendre plus profondément au niveau du cœur et de laisser une fois pour toutes le petit moi social. N'importe qui pourrait voir que ce n'est qu'un tas provisoire d'émotions, de jugements, d'opinions, un fatras d'étiquettes. J'en fais une montagne, mais ce ne sont que des rides sur un étang. D'ailleurs, dès que je n'ai rien d'autre à faire que de courir en tous sens, ma pratique est de ressembler à un étang, totalement immobile.

Corine est en retraite à Yeoju et je trace le sillon en tous sens entre la maison et l'école. Pour ne pas paniquer, une seule chose à la fois ! Et comme suggère le bon pape Jean XXIII, l'accomplir comme si Dieu m'avait créé uniquement en vue de ce que je fais à l'instant. Ce n'est pas compliqué. Lorsque je suis avec Victorine, être à fond avec elle, quand je joue avec mon fils, m'amuser complètement avec lui et si mes trois enfants me réclament à grands cris, vivre pleinement dans l'instant, *un peu à côté* de l'affolement et de l'énervement. Facile à dire…

Le découragement ne rôde jamais très loin. Maître Suzuki compare le méditant à une grenouille. Faire la grenouille, c'est observer le plus paisiblement possible, sans bouger, tout ce qui se présente dans la conscience. Et si nous commencions par être une grenouille qui examine la part d'elle-même qui n'est pas grenouille ? Tranquillement, je contemple les replis de mon esprit qui abritent tant de peurs. Celles-ci ne sont pas prêtes à me fausser compagnie. Je les regarde sans ciller, parfaitement immobile, comme une grenouille.

Il est une autre vanité que je constate sous le soleil. Vivre, c'est souffrir. D'accord ! Mais si, en plus, on fait tout pour se gâcher l'existence… Je souffre d'une cruelle incapacité à me réjouir qui m'empêche de profiter simplement, ici et maintenant. L'âme qui ne sait pas oser la *grenouille attitude* hypothèque bien des joies et risque fort de ne jamais connaître la légèreté. Faisons de notre lit, du chemin de l'école, de notre lieu de travail un paisible nénuphar, un abri pour la grenouille !

Mon maître m'a confié un exercice : méditer le passage de l'Évangile de la tempête apaisée[1] : Jésus dort en paix dans une barque agitée qui prend l'eau.

Le quotidien c'est cette barque et il faut m'abandonner même dans la bourrasque. Être en repos dans l'action.

---

1. Mc 4,35-41.

Flotter

Rester peinard dans une barque secouée par la tempête n'est pas une mince affaire. J'ai trop tendance à attendre les cataclysmes pour prendre des cours de natation. Pour l'heure, je constate tout de même que les minitempêtes ne durent guère et que mon agitation ne les fait pas passer plus vite. Ne pas réagir lorsque tout va mal, c'est carrément surhumain ! Dans une embarcation qui prend l'eau, commencer par ne pas résister. Savoir qu'on peut flotter dans la tourmente libère, apaise et donne de la force. Mais comment sortir vivant d'un cercle vicieux ?

Il faut de la confiance pour voir qu'on flotte, et sentir qu'on flotte réveille la confiance.

Dans la journée, se prescrire des temps de retrait, foncer dans mon lit pour adopter la posture de la grenouille et flotter. C'est quand même dingue que tout un apprentissage soit requis pour oser laisser passer les vagues et les crispations sans réagir !

Nous pouvons nous épuiser à lutter contre la fatigue. Certains matins, elle me colle aux baskets dès mon réveil. J'ai beau la fuir, elle me suit où que j'aille. Au bout du compte, je capitule. Reconnaissant qu'elle est montée à bord de la barque, j'avance auprès de cette coéquipière.

Qui panique en ce moment ?

Superbe occasion de faire la grenouille ce matin ! Une voisine m'a apporté une boisson à peine identifiable. Une sorte de lait au riz qui m'a semblé bien peu appétissant. Profitant de ce qu'elle tournait le dos pendant deux secondes, j'ai balancé son truc par la fenêtre. Et j'ai visé à côté. Résultat : il y en avait partout. Quand elle est revenue et a vu mon verre vide, elle m'en a resservi. Plus d'échappatoire cette fois-ci. Or, c'était tellement délicieux que j'ai regretté qu'il n'y en ait pas davantage. Bienvenue dans le *samsâra*, la folie du mental qui nous complique la vie du matin au soir !

La lecture des mystiques, la pratique du zazen, cette accablante fatigue, tout m'indique qu'une existence obsédée par les progrès, les plans, les lendemains est vaine.

Avoir le courage de rester ouvert et disponible et, quand le mental fait des siennes, le calmer par une simple question : Qu'est-ce qui se passe là-haut ? Qui panique en ce moment ?

Des orgies de joie simple

Quand je perds complètement les pédales, je demande à ma fille : « Je suis nerveux ou ça va ? » Et son diagnostic me calme sur-le-champ : « Papa, tu es plus que nerveux ! » Je sais que le moment est alors venu de ralentir. Il est un danger que je repère et qui n'a pas fini de me miner : l'incapacité de s'arrêter et de jouir de la vie sans pourquoi.

J'ai gravi une montagne puis une seconde, sans relâche, et voilà que je m'obstine à lorgner vers un nouveau sommet. Mais apprécier, passer une journée dans une joie gratuite sans nécessairement devoir courir d'une distraction à l'autre, c'est encore autre chose et cela aussi s'apprend. L'homme qui ne tient pas en place est comme un fol aventurier qui risque de tout perdre pour se fuir. C'est terrible de le dire comme ça, mais j'ai découvert dans l'épreuve un côté grisant, une sorte d'adrénaline, qui me fait défaut les jours où tout va bien. Et le mental s'en souvient jusqu'à en devenir accro. Il lui faut du nouveau, de l'exceptionnel à se mettre sous la dent.

Pourquoi Homère n'a-t-il pas relaté la vie du héros rentré au bercail ? Comment Ulysse aurait-il filé son doux amour avec une Pénélope matin, midi et soir ? Ne se serait-il pas senti à l'étroit dans son Ithaque chérie ? Je l'imagine, canne à pêche à la main, en train de caresser avec une infinie tendresse les cheveux soyeux de sa fidèle compagne. N'aurait-il pas ressenti le désir d'aller voir ailleurs, de prendre une nouvelle fois le large ? Il faut de l'héroïsme aussi pour rester fidèle, au jour le jour, dans la banalité. Et nous, comment nous coltiner avec la routine, le train-train ?

L'une des voies du bonheur consiste à affronter les épreuves sans se laisser miner. L'autre réclame tout autant d'efforts et de courage pour ralentir, ne rien faire et habiter avec *passion* le ronron quotidien même dans ce qu'il a de plus terne.

Le repos du guerrier, c'est inspirant. Trouver son art de vivre est d'une importance considérable. Un corps fatigué, une âme sans cesse tendue peuvent vite nous envoyer dans les flammes de l'enfer.

Apprendre à me jeter au lit sans vergogne ni modération et repérer ce qui me recrée véritablement. L'ascète est celui qui prend plaisir à la simplicité, qui jouit aussi dans la privation. Mais n'est pas ascète qui veut et ce n'est pas impunément qu'on s'oppose aux instincts, sauf si on est mû par la grâce et qu'on s'avance dans la joie.

Une règle d'or : me prescrire des orgies de joie simples, des bacchanales de repos sobre. Là, tout de suite, cinq minutes à ne rien faire, rien.

L'homme qui ne tient pas
en place est comme
un fol aventurier qui risque
de tout perdre pour se fuir.

S'épuiser à courir

J'ai essayé de boire le repos à larges traits. Allongé, je tourne et retourne, à gauche et à droite. Non, je ne suis pas perclus d'angoisses, mais le mental a toujours un os à ronger. Une grenouille saute d'un bout à l'autre du matelas.

Il me serait plus aisé de composer sur-le-champ un traité du repos que de m'étendre cinq minutes à ne rien faire ! Me déprogrammer et voir tous les conditionnements qui me poussent à l'action, à la fuite. Et, sans juger, contempler cette tendance à fonctionner sur le mode du pilotage automatique.

L'autre jour, j'ai foncé aux toilettes pour y trouver la porte ouverte et la place déjà occupée par une dame abonnée au zen depuis bien longtemps. La scène m'a stupéfait et édifié. Aucun sursaut, aucune gêne, nulle honte. Elle était là, c'est tout. Puis, j'ai eu le sentiment que tout, pour elle, tenait du sacré, même s'asseoir sur le trône… Aller aux toilettes comme on fait zazen, j'en rêve…

Pourquoi le lit me fait-il irrémédiablement songer à la mort, à l'inertie et me stresse-t-il ? Le repos, c'est pour les vivants. D'ailleurs, c'est mon fils qui me l'a enseigné. Un jour, tandis que je le mettais en garde contre les

accidents de voiture, je l'ai un peu bêtement sermonné :
« Augustin, je n'aimerais pas que tu finisses écrasé. Tu
vois, en ce moment, à cause de tous ces pare-chocs, il y
a plein de morts qui reposent à la morgue ! » Sa réponse
fuse : « Mais papa, les morts, ils n'ont pas besoin de se
reposer puisqu'ils sont morts ! » Et moi qui m'imagine
que c'est une perte de temps et que j'aurai tout loisir
de me reposer une fois au cimetière... Mauvais calcul :
par crainte de perdre la moindre miette de l'existence,
je cours, je m'épuise.

Apprendre à faire durer le plaisir ? Vivre à fond, c'est
aussi ralentir.

Sans parler de l'accusation, infamante, de fainéan-
tise qui, tôt ou tard, risque de s'abattre sur celui qui
n'arrive plus à suivre les autres, la société, le rythme,
cette danse effrénée. Repérer les signes d'usure avant que
cette rouille ne dévore la machine et arrêter de courir.

Quoi de plus passif qu'une pierre en chute libre ?

Par crainte de perdre
la moindre miette de l'existence,
je cours, je m'épuise.

La voie express vers la liberté

Ce soir, je ne sais pas qui a frappé l'autre mais Céleste est en larmes. Je sermonne Augustin : « Tu as fait le vœu des *Bodhisattvas*[1] tout de même ! Demande-lui simplement pardon et ça ira mieux. » Mon fils refuse. Et je me fends d'un prêche : « Tu vois, Augustin, le Bouddha, Jésus, ils sont venus exactement pour ça. Laisse passer ! Pourquoi t'acharner à ne pas demander pardon ? Franchement, c'est pas la mer à boire. Deux minutes après, tu seras passé à autre chose et Céleste aussi ! » À quoi bon conserver nos rancunes, nos rancœurs, ces poisons qui nous tuent ? Pourquoi préférons-nous crever plutôt que d'avoir tort ? Je suis décidément très bon pour brasser les idées et faire des sermons.

Puis la vérité éclate. La coupable, c'est Victorine. Je la ramène énergiquement dans la chambre pour lui donner un travail d'utilité publique : ranger mes livres, me taper un texto. Je rêve d'un maître spirituel qui me colle aux

---

1. Le terme a plusieurs sens : il désigne habituellement des êtres éveillés qui s'engagent à sauver tous les êtres. Plus humblement, il nous convie à nous mettre en route pour aider notre prochain et soulager les souffrances là où elles se présentent.

baskets et à qui rien n'échappe. Ce serait véritablement le chemin, la voie express vers la liberté. Mais il y a fort à parier qu'à ce régime-là, au bout de deux semaines, le maître spirituel en question me casserait les pieds !

L'ami croque-mort

Junho a pris le train ce matin. Il est parti chercher du travail à deux cents kilomètres de Séoul. Quand je le regarde s'éloigner, dans le ciel passe un immense chagrin. Déjà, la nostalgie se pointe. Heureusement, la vieille intuition fuse en mon âme et m'apaise sur-le-champ : « Si tu veux tout maîtriser, tu es foutu ! » Soudain, le téléphone sonne, c'est mon ami Joachim. Dieu nous envoie des messagers, parfois là où nous les attendons le moins. Il *suffit* de se tenir disponible. La confiance, c'est peut-être cesser de se cramponner à la paix, à la guérison, au bonheur et simplement avancer pas à pas, sans pourquoi. Et, aujourd'hui, sans ce cher camarade, l'envie me prend de me retourner pour ne plus quitter Junho des yeux. Mais je me souviens que je suis ici pour enfin pratiquer le détachement. Si je ne commence pas là, tout de suite, à goûter un peu de liberté, jamais je ne progresserai.

Le moment arrive où il faut dire au revoir aux figures tutélaires, pour juste aimer, s'abandonner seconde après seconde. Tout est là. Dans l'*abandon*. C'est fou, ce mot désigne à la fois le mal et son remède ! Plus que tout, je crains que mes proches m'abandonnent et c'est *l'abandon*, le laisser-être, qui m'en guérissent peu à peu.

188

Sur cette route escarpée, j'ai emprunté bien des détours. Il y a des années, un soir en rentrant à la maison, j'ai traîné dans les rues de Lausanne. Tandis que je cherchais un peu de détente, je suis tombé sur la morgue de Saint-Roch. Cette nuit-là, je n'étais pas très en forme et une telle vision m'a achevé. J'ai bien sûr pensé à mes enfants et l'idée de les perdre a fait monter une énorme angoisse venue du tréfonds de ma chair. Pour conjurer mon mal-être, je n'ai pu m'empêcher d'élever vers le ciel une étrange prière : « Seigneur, faites que je ne remette jamais les pieds ici ! »

Quelques semaines plus tard, j'étais invité chez un certain Joachim. En arrivant au bas de l'immeuble, j'ai tout de suite éclaté de rire en m'apercevant que j'allais tout droit dans la morgue ! Mon hôte de ce soir habitait exactement au-dessus. Et pour cause... il était croque-mort ! S'il fallait une preuve que la prière est, en apparence, parfaitement *inefficace*, je l'ai reçue de plein fouet. Depuis cette lumineuse nuit, Joachim est un de mes meilleurs amis. Et la folle efficacité de la prière n'a pas fini de m'émerveiller.

Depuis, plusieurs fois par semaine, je me suis frayé un passage au milieu des corbillards, empruntant les escaliers à vive allure. Au fond, j'ai appris la confiance. Enfin, la mort avait *naturellement* pris sa place dans ma vie. Et ma prière avait un peu changé : « Seigneur, faites que je revienne souvent à Saint-Roch ! »

Heidegger écrit que nous sommes déjà pétris par notre finitude. La mort fait partie du quotidien et depuis la rencontre avec Joachim, je m'aperçois qu'elle peut nous surprendre à tout moment. Comme cela a été le cas de cette serveuse dans la fleur de l'âge qui, tout affairée à apporter une bonne bière sur un plateau, était tombée raide morte. Cela m'avait marqué.

Une fois, mon regard a pénétré à l'improviste dans la chambre froide. J'y ai *croisé* des vieux, des jeunes, des femmes, des hommes. C'est vraiment le terminus des prétentieux… Et une école d'humilité ! Mais pas seulement ! C'est aussi une invitation à la joie, au miracle de la vie. Entre nous, je rêverais que Joachim s'occupe de ma dépouille si je casse la pipe avant lui. Sa délicatesse, sa sensibilité, sa foi me nourrissent. Quelle bizarrerie qu'un croque-mort m'apprenne la confiance et la beauté du corps ! Un jour, je l'ai vu, sans ses gants, prendre soin d'une dame. Je regardais ce corps décharné, émerveillé devant le miracle de la chair. Cette main ratatinée comme une pomme sèche a été aimée, baisée, caressée. De cette bouche sans dents ont coulé des mots tendres et doux qui ont réconforté un cœur. La vie humaine est sacrée. Notre chair, nos mains, nos pieds, notre sexe, notre bouche, notre visage aussi.

« Mais pourquoi ne mets-tu pas de gants ? Tu n'as pas peur d'attraper une maladie ?

– Cette femme, il y a une heure, était dans les bras de son mari, de son fils ou de ses petits-enfants. Pourquoi je mettrais des gants ? »

Aux côtés de mon ami croque-mort, j'apprends la confiance. Junho, Joachim, Bernard, Romina, mon maître et tant d'autres, ma femme, mes enfants, voilà les médecins de ma vie. Pourquoi, dès lors, craindre un train qui part ?

La confiance,
c'est peut-être cesser
de se cramponner à la paix,
à la guérison, au bonheur
et simplement avancer pas à pas,
sans pourquoi.

Faire peu de cas de sa personne

Même si par KakaoTalk nous n'arrêtons pas de nous envoyer des messages, Junho et nos cures de franches déconnades, bienfaisant *correctif* aux rigueurs du zen, me manquent. Mais pour ne pas tomber dans l'idolâtrie et l'esclavage, gardons-nous de confier le monopole de notre affection à un seul être !

Depuis que je vis à Séoul, je comprends cette phrase *à la Maître Eckhart* : « Je t'aime, car je n'ai pas besoin de toi. » Ici, des copains me demandent souvent : « Est-ce que je te manque ? » Pour être honnête, je devrais répondre non. Ce qui ne veut pas dire que je ne les aime pas, au contraire.

Le zen, c'est sortir du mental et des projections que l'on plaque sur le réel et sur les autres. Voir Junho tel qu'il est, contempler les enfants, se débarrasser des illusions.

Le départ de Junho aurait pu me faire sombrer dans la nostalgie, nourrir le regret et me voir ruminer à longueur de journée. Mais là, tout de suite, le zen m'invite à passer à l'action et à me rendre, à toutes jambes, aux *mogyogtang*.

L'ascèse peut se résumer en un paradoxe apaisant : prendre soin de soi tout en faisant peu de cas de sa personne.

La joie de Dieu

Aux bains publics, j'ai repensé à la culpabilité. Un étudiant qui regardait mon fils tout à la joie de courir à gauche et à droite, brisa le silence : « Je donnerais tout pour retrouver cette innocence, cet esprit d'enfance, loin des tiraillements et de la dictature du sexe. » J'ai soudain compris que le risque était grand de considérer la spiritualité comme une fuite pour s'arracher à notre humanité et moins souffrir.

Le zen parle de l'esprit de tous les jours : marcher quand on marche, aller aux toilettes quand on va aux toilettes, sans commenter sempiternellement nos faits et gestes. Jésus est un maître en la matière. D'ailleurs, je sens Dieu plus par le corps que par l'intermédiaire du mental. Maître Eckhart a raison de rappeler que si nous nous contentons d'aller vers Dieu en pensée, lorsque nous cessons de penser à Lui, nous nous coupons de Lui[1].

Je me souviens de ces religieuses maladroites qui s'acharnaient à me répéter quand, innocemment, je leur disais que j'avais adoré le gâteau au chocolat, qu'on ne devait adorer que Dieu. Le gamin que j'étais baissait alors des yeux tristes sur son assiette, coupable d'avoir éprouvé

---

1. Maître Eckhart, *Entretiens spirituels*, VI.

ce plaisir. Je regarde Augustin dans le bain et me réjouis que Jésus ne fût pas ce moraliste, mais un sauveur. De même, la vocation de parent, comme celle d'éducateur, c'est de libérer les êtres qui leur sont confiés. Le moins que l'on puisse dire, c'est que la nonne austère ne m'a pas éveillé à la joie de Dieu !

Aux *mogyogtang*, nu comme un ver, loin de la pression sociale, je prie et commence à dépoussiérer Dieu de toutes les étiquettes. Gentiment, je chasse les ricanements des bonnes sœurs pour ne plus voir en Lui une source de culpabilité, une éternelle condamnation. Saint Pierre n'a pas renoncé à sa joie de vivre lorsqu'il a lâché ses filets et tout quitté pour suivre le Christ. Rendre gloire à Dieu, faire sa volonté, c'est quitter mes blessures comme je viens de me déshabiller, sans hésiter. Pourquoi a-t-on fait du Père céleste un juge qui traque le moindre de nos faux pas, un rabat-joie qui se réjouirait de notre affliction ?

Prier, c'est ranger dans le placard tous les habits de Dieu pour commencer à Le voir tel qu'Il est. Quand j'aime mon enfant, qui est-ce que j'aime ? Une idée, un album de souvenirs ou cette vie qui se déploie chaque jour ?

Pourquoi, dans l'Évangile, Jésus demande-t-il avec insistance : « Pierre, m'aimes-tu[1] ? » Un Jésus narcissique me ferait détaler en courant. Je comprends que le Christ dépouille notre regard, déshabille notre cœur pour qu'on puisse aimer nûment, limpidement, simplement. Et, quand je vois le fléau de la projection, des préjugés et la difficulté d'aimer quelqu'un véritablement, je crois qu'Il a posé cette question à Pierre pour le convertir, le

---

1. Jn 21,15.

purifier, alléger son cœur. Pour Le suivre : se laisser toucher corps et âme à tout instant.

Il me faut prendre un virage, sortir de mes fantasmes et profiter d'être ici, à Séoul, pour vivre vraiment cet appel à la charité, au pur amour.

Le premier venu

Pour me faire la main, j'ai sorti l'artillerie lourde. Je lis le pavé de Matthieu Ricard sur l'altruisme. Lumineux ! Et je reviens aux Évangiles. Si une vie spirituelle ne débouche pas sur un peu plus d'amour, elle finit vite par sentir le renfermé et par tourner en rond. Donc, de l'air !

Comment résister à la contamination quand, comme le montre Matthieu Ricard, un téléspectateur s'expose en moyenne à deux mille six cents meurtres par an ? Pareille hécatombe a largement de quoi nous rendre malades d'indifférence devant les malheurs d'autrui. Ce matin, *L'Homme qui marche*[1] de Christian Bobin m'invite à envisager le premier venu comme mon prochain. Ce sont ma femme, mes enfants et tous celles et ceux que je croiserai dans la journée qu'il s'agit de ne pas louper, d'aimer et d'aider concrètement.

Dans le métro, le premier venu, c'est cet aveugle avec son panier. Il joue de l'harmonica. Pas un billet ne sort des centaines de poches. Et pas davantage de la mienne. Je ne sais pourquoi. Je n'ose lui tendre la main. Pourtant, toutes les traditions spirituelles le recommandent. Sans parler de

---

1. *Cf.* Christian Bobin, *L'Homme qui marche*, Bazas, Le temps qu'il fait, 1998.

ces recherches scientifiques qui démontrent par A + B qu'aider les autres améliore durablement notre humeur[1]. Même par vil calcul, on aurait tort de s'en priver.

Et si on risquait dans la journée des actes gratuits, juste comme ça, sans pourquoi ?

La pollution nous inonde de tous côtés. Matthieu Ricard rapporte une phrase hallucinante de Freud qui, dans un courrier au pasteur Pfister, ne se gêne pas pour écrire : « Je ne me casse pas beaucoup la tête au sujet du bien et du mal, mais, en moyenne, je n'ai découvert que fort peu de "bien" chez les hommes. D'après ce que j'en sais, ils ne sont, pour la plupart, que de la racaille[2]… » Belle mentalité, ma foi… Je préfère croire, pour ma part, qu'il y a en nous la nature de Bouddha, le royaume de Dieu, enseveli sous des pelletées de peurs et de tiraillements. Comment libérer cette source ? À force de stress, de méfiance et de calcul, nous avons perdu notre état naturel. À grands pas, nous nous sommes éloignés de la joie, de la paix et de l'amour qui demeurent intacts au fond du fond. Et méditer, être solidaire, pratiquer la générosité, c'est redescendre, plonger, s'oublier !

Chaque jour, dégager ce qui salit la source de notre cœur.

Vivre sans pourquoi, c'est arrêter de vouloir prouver quoi que ce soit ni être tenu de rendre des comptes, mais aimer le premier venu sans rien exiger de lui en retour.

Le métro arrive à Daeheung-yeok. Que donner, ici et maintenant, à mes proches et aux voisins que je rencontrerai dans l'ascenseur ?

---

1. Kathryn E. Buchanan, & Anat Bardi, « Acts of kindness and acts of novelty affect life satisfaction », *The Journal of Social Psychology*, *150 (*3), 2010, p. 235-237.

2. Matthieu Ricard, *Plaidoyer pour l'altruisme*, Paris, NiL Éditions, 2013, p. 411.

Vivre sans pourquoi,
c'est arrêter de vouloir prouver
quoi que ce soit et aimer
le premier venu sans rien
exiger de lui en retour.

L'amour pur

L'amour pur, je l'ai découvert ce curieux soir où se sont mêlés larmes, chagrin, rires et joie. Augustin s'apprêtait à fêter son premier anniversaire au Pays du matin frais, lorsque la sonnerie de Skype a retenti. La nouvelle est tombée, brutalement, ma belle-mère allait bientôt mourir. Après avoir écouté beaucoup, et aussi pleuré, ma femme nous a rejoints à table. À la lueur d'une bougie, trois enfants bouches bées l'ont regardée. Et ses paroles, montées du cœur infini d'une maman, nous ont rassurés : « Maman est triste, très triste, mais maintenant, on va savourer le beau gâteau d'anniversaire d'Augustin. C'est ça le plus important au monde, maintenant. » Qui dira la délicatesse, le don de soi, l'abnégation et le courage d'une mère ? Cette joie tragique était notre manière de nous rapprocher de cette femme qui, à des milliers de kilomètres de nous, apprenait que le temps était venu pour elle de tout quitter.

Solidarité quotidienne

Je ne cesse de m'extasier devant les saints et les maîtres zen alors qu'à la maison je fréquente une des meilleures écoles de sagesse et de générosité : le foyer, la famille, ça vous dénoue un ego, et plutôt deux fois qu'une.

Voici quelques semaines, une cruelle épreuve a obligé ma femme à regagner la Suisse. Quand les portes de la navette de l'aéroport se sont refermées sur Corine et Céleste, je me suis retrouvé sur le quai avec les deux grands. Le refrain qui me visite si souvent m'a aidé : « Si vous voulez tout maîtriser, vous êtes foutu, Hyecheon. » Un mois durant, seuls tous les trois à Séoul, nous avons survécu. Presque un papa sur l'île de Koh Lanta… Ce qui m'a touché le plus, c'est la solidarité qui s'est spontanément mise en place autour de nous. Les membres de toutes ces différentes paroisses nous ont prodigué ragoût, omelettes, tomates farcies, thon… Nous n'avions qu'à allonger les jambes sous la table pour être servis.

Le charpentier de Nazareth

Hier, au temple, je me suis encore bêtement justifié : « Je suis chrétien, *mais* je pratique le zen. » Pourquoi ce « mais » ? Et pourquoi ne pas confesser que je suis littéralement amoureux du Christ, même si certains jours son histoire paraît impossible à la raison. Cet homme, qui, comme le raconte François Mauriac dans sa *Vie de Jésus*[1], occupe ses jeunes années à méditer la Torah et raboter des planches, m'émeut aux larmes et me rend profondément joyeux. Si je ne peux pas me passer du Bouddha, c'est vers le charpentier de Nazareth que mon cœur se tourne quand il a mal. Un Christ qui pleure, qui s'emporte et qui finit par dire sur la croix : « Mon Dieu, Mon Dieu, pourquoi m'as-tu abandonné[2] ? » me rejoint, me nourrit et me libère infiniment plus que le sage de la tribu des Sâkya.

Jésus appelle à venir à Lui, car son joug est léger[3]. Je me charge décidément de trop de poids.

Prier et raboter les planches que me présente le quotidien, voilà ma tâche ! Et quitter allégrement ce besoin de me justifier.

---

1. François Mauriac, *Vie de Jésus*, Paris, Flammarion 1936, p. 41.
2. Mt 27,46.
3. Mt 11,28-30.

Naître et mourir à chaque instant

Le chemin que j'emprunte à Séoul me remue. Le départ de Junho, le manque de repères et la difficulté de vivre pleinement ma foi sans que le soupçon, la méfiance, viennent embrumer le ciel, tout m'invite à me convertir là, tout de suite, à faire la peau au vieil homme.

Déshabiller, peler, éplucher l'âme. Comme un oignon… Se désaper de ce qui constitue mon moi social : habitudes, réflexes, mécanismes… Enlever les conditionnements, les étiquettes, les préjugés, le vernis qui m'empêche de marcher l'âme nue. Et passer à côté de ces traumatismes qui résistent.

Maître Eckhart n'y va pas par quatre chemins ! Il me donne, ce matin, une sacrée dose d'audace : « Quand alors l'âme contemple, au moyen de cette puissance, des images – qu'elle contemple l'image d'un ange, qu'elle contemple sa propre image –, c'est en elle une insuffisance. Si elle contemple Dieu en tant qu'il est Dieu, ou en tant qu'il est image, ou en tant qu'il est trinitaire, c'est en elle une insuffisance. Mais quand toutes les images de l'âme sont écartées et qu'elle contemple seulement l'unique Un, l'être nu de l'âme rencontre l'être nu sans forme de l'unité divine qui est l'être super essentiel reposant impassible en lui-même. Ah ! Merveille des merveilles, quelle noble souffrance c'est là que l'être de l'âme ne puisse souffrir rien d'autre que la seule et pure unité de Dieu[1] ! » Du balai « le philosophe », « l'écrivain », « l'infirme moteur trop cérébral », « l'anxieux », « le père de famille » !

Pour notre salut, tout déshabiller spirituellement : nos amis, nos proches, mais surtout notre âme et notre regard.

---

1. Maître Eckhart, *Les Sermons*, *op. cit.*, sermon 83.

Effeuillage spirituel

L'autre jour, dans un cimetière, je suis tombé sur l'inscription : *ancien professeur de médecine*. Et moi, quel titre aimerais-je voir gravé en lettres d'or sur ma pierre tombale ? Père de famille, handicapé, philosophe, anxieux ? Être nu, c'est quitter tout ça ; que puis-je laisser ? La pesante cuirasse que l'on nomme infirmité ?

Se départir de chaque représentation est à proprement parler une ascèse, et des plus exigeantes ! Dès que se manifeste un « Je devrais être comme ça », à coup sûr surgit une souffrance. Avancer sans pourquoi, c'est naître et mourir à chaque instant. Le vieil Alexandre d'hier ressemble à un costume trop étroit que je dois remiser au placard. Vivre, c'est ne pas s'encombrer d'une garde-robe.

S'il en est un qui a osé cet effeuillage spirituel, c'est bien saint François d'Assise. L'ironie dans cette histoire c'est que, fils de drapier, le petit François a commencé sa carrière en vendant des capes sur mesure, des manteaux de chevaliers, des parures aux mille éclats.

Julien Green, dans le livre qu'il a consacré à François, raconte la rupture du saint avec son père, à qui il rend, en public, tout ce qui a fait sa richesse extérieure jusqu'alors. L'ami de Dame Pauvreté n'a pas fini d'inciter à ce strip-tease de l'âme : « Sans un mot, il arrache ses vêtements avec une précipitation fougueuse et les lance l'un après l'autre aux pieds de son père, tous, jusqu'à ses chausses, et par-dessus le marché la maudite bourse qu'il avait bel et bien rapportée et cachée dans une poche. Le voilà nu comme au jour de sa naissance. Nu aujourd'hui pour sa seconde naissance. […] Les fous ont la manie de se mettre nus, lui aussi se sent fou, fou de colère et fou d'amour, et, dans le délire de l'exaltation, il s'écrie avec une autorité magistrale : "Écoutez, écoutez tous. En toute liberté désormais, je pourrai dire : 'Notre Père qui es aux cieux.' Pietro Bernardone n'est plus mon père, et je lui rends non seulement son argent que voici, mais encore tous mes vêtements." Et il a ce dernier cri qui a le ton du Magnificat : "J'irai nu à la rencontre du Seigneur[1]". »

Sur une route spirituelle, il y a en effet plus à *déblayer* qu'à amasser. Et c'est le message, le trésor inouï et paradoxal, la logique illogique des Évangiles. Voilà qui frappe un puissant coup dans notre bon sens endormi dans les certitudes ! Au fond du cœur humain se cache plus grand que soi. Descendre sans précipitation et demeurer au fond, paisible, amoureux, joyeux, même quand, à la surface, tout semble agité.

J'aime tellement saint François qui renonce à tout pour se lancer sur les chemins du Très-Bas[2] ! Sans vergogne, il se défait un à un de ses habits, car il n'a plus de comptes à rendre sinon à un Dieu plein de bonté.

---

1. Julien Green, *Frère François*, Paris, Seuil, « Points Sagesses » n° 325, 1991, p. 107.
2. *Cf.* Christian Bobin, *Le Très-Bas*, Paris, Gallimard, 1995.

Petit exercice avant de me jeter au lit : retirer mes vêtements et avec eux, oublier un à un les soucis, l'artificiel, les préoccupations, les rôles, tout quitter pour aller vers le sommeil qui, d'ailleurs, nous prend tout et qui en cela nous repose.

Retrouver sa vraie nature

Décidément, la joie parfaite de saint François et l'irrésistible détachement de Maître Eckhart me font retomber dans les pourquoi. Voilà que je me prends à rêver d'être comme eux, au lieu de m'égarer dans la poursuite d'un but ! Ils ne s'embarrassent pas du regard d'autrui, ne s'attardent pas sur leurs tiraillements. Ils se donnent corps et âme aux autres, un point c'est tout ! J'aimerais foncer à leur école pour apprendre leur transparence, leur limpidité. Et d'abord, que je n'oublie pas de tout enlever sans tarder, même ce fichu falzar bouddhique. Se déshabiller, c'est retrouver sa vraie nature, son visage originel dirait le zen, quitter le moi social pour oser vivre à partir de l'intime, de ce qui nous est le plus intérieur. M'y connecter donc, pour que mes faits et gestes découlent de cette source et non du dehors, d'une apparence, d'un rôle.

Le théologien Maurice Zundel me débarrasse aussi de pas mal d'illusions : « Si nous ne connaissons pas davantage les autres, c'est parce que nous ne devenons pas autrui, parce que nous sommes enfermés en nous-mêmes, parce que nous ne savons pas nous dépasser. Alors l'autre se banalise, il prend cette figure sociale qui répond à sa fonction, au personnage qu'il s'est forgé, au masque qu'il est contraint de porter. Nous n'allons pas au-delà, nous ne découvrons pas la source qu'il est appelé à devenir, nous n'atteignons pas son unicité, parce que nous ne sommes dignes ni de la connaître ni de la susciter[1]. »

J'en ai trop souffert pour ne pas le signaler au passage : se dévêtir tant qu'on voudra mais jamais, au grand jamais, déshabiller l'autre du regard ! Merveilleuse école que ces bains publics ! Toujours, j'ai l'impression d'atterrir au Paradis terrestre où l'innocence autorise que l'on aille sans honte, sans juger. Avec la crasse, ce sont aussi les névroses, la haine de soi, le mépris du corps, le poids du regard de l'autre qui s'évaporent. Ce qui m'étonne c'est la simplicité de la cure : ne pas en rajouter, juste se départir de tout. La première fois que j'ai vu tous ces gens nus, le plus détendus du monde, j'ai dû me frotter les yeux pour m'assurer que je ne rêvais pas. Je me suis pris de plein fouet tous mes complexes, mes inhibitions, les rôles que je joue, les freins que je m'impose, bref, tout ce qui m'empêche d'être qui je suis. Soudain, je reçois un violent coup de massue : jamais je n'ai été à cent pour cent handicapé ! À longueur de journée, j'essaie de me corriger et d'être quelqu'un d'autre. Comment s'étonner alors que j'en aie marre et que je sois tout le temps épuisé ? Je marche en m'évertuant de ressembler le plus possible aux autres, même en parlant je soigne mon élocution au lieu de me contenter d'être. Qui dira les ravages et la cruauté de cette perpétuelle et discrète correction sociale ? D'où le cadeau immense que l'on peut offrir à nos enfants et à notre prochain : le non-jugement.

---

1. Maurice Zundel, *Choisir*, n° 36, octobre 1962, Genève.

Nul besoin d'aller trouver ailleurs une plus belle occasion de se mettre en route et de sortir du sommeil, des habitudes. Ne plus avoir honte. Pourquoi associons-nous irrémédiablement la nudité au sexe, à la convoitise, à une certaine perversion, à l'impudeur ? Pour un cœur pur et des yeux chastes, aucune ambiguïté, juste être là, sans désirer s'approprier quoi que ce soit. Et puisque je parle de chasteté, une phrase du philosophe Paul Ricœur m'aide beaucoup à assumer mes pulsions sans me raidir dans une volonté de maîtrise : « Finalement quand deux êtres s'étreignent, ils ne savent ce qu'ils font ; ils ne savent ce qu'ils veulent ; ils ne savent ce qu'ils cherchent ; ils ne savent ce qu'ils trouvent. Que signifie ce désir qui les pousse l'un vers l'autre ? Est-ce le désir du plaisir ? Oui, bien sûr. Mais pauvre réponse ; car en même temps nous pressentons que le plaisir lui-même n'a pas son sens en lui-même : qu'il est *figuratif*. Mais de quoi ? Nous avons la conscience vive et obscure que le sexe participe à un réseau de puissances dont les harmoniques cosmiques sont oubliées mais non abolies ; que la vie est bien plus que la vie ; je veux dire que la vie est bien plus que la lutte contre la mort, qu'un retard de l'échéance fatale ; que la vie est unique, universelle, toute en tous et que c'est à ce mystère que la joie sexuelle fait participer ; que l'homme ne se personnalise, éthiquement, juridiquement, que s'il replonge *aussi* dans le fleuve de la Vie – telle est la vérité du romantisme comme vérité de la sexualité[1]. »

Ces paroles libératrices m'incitent à ne pas trop me prendre au sérieux. Pulsions, tiraillements, désirs ne nous appartiennent pas. Jouissons donc sous le soleil.

---

1. Paul Ricœur, « La sexualité : la merveille, l'errance, l'énigme », *Esprit*, n° 289, 1960.

La sexualité, Dieu, l'autre, notre intimité sont recouverts de masques, de tabous et de préjugés. La honte ne mène à rien. En parlant de sexe et de nudité, je repense à Adam et Ève. Avant de s'attaquer au fruit défendu et de tomber dans le péché originel, ils n'éprouvaient aucune gêne à se promener nus[1], précisément parce qu'ils ne s'attardaient pas à considérer leur nombril. Et pour cause, ils n'en avaient pas…

Bel enseignement sur notre fichue habitude de nous regarder vivre et de nous juger en permanence.

Allégorie qui en dit long sur notre pudeur qui s'acharne à voiler telle ou telle partie du corps, mais ne se gêne pas pour livrer au premier venu colère, médisance et violence dans la plus totale impudence.

---

1. *Cf.* Gn 3,7 : « ils connurent qu'ils étaient nus ».

Se déshabiller, c'est retrouver
son visage originel,
quitter le moi social
pour oser vivre
à partir de ce qui nous
est le plus intime.

Le monde sans moi

Hier, j'ai inventé un petit exercice. Dès que je panique, au lieu de courir dans tous les sens, je m'arrête, je respire, et j'imagine photographier la scène. L'idée de retrouver dans cent ans ce vieux cliché dans un grenier poussié-reux m'apaise sur-le-champ et m'aide à relativiser tous les soucis du moment. Décidément, je me prends trop au sérieux ! Contempler, c'est regarder le monde sans moi. Maître Eckhart m'invite à voir Dieu comme en son vestiaire[1], c'est-à-dire dépouillé de ses vêtements, de ses étiquettes, de ses rôles. Il vient ainsi doucement réveiller mon âme contemplative, pour découvrir le monde autre-ment, comme pour la première fois. Pour partir à l'école de la contemplation et oser dépouiller notre regard, il n'est pas de meilleure occasion que le quotidien : les tâches du jour, la vie de famille, les courses, l'imprévu. Tout peut devenir une chance pour quitter notre avidité.

---

1. Maître Eckhart, Les *Sermons*, *op. cit.*, sermon 36.

Contempler, c'est regarder
le monde sans moi.

Mental FM

Si j'ai posé mes valises à Daeheung, c'est pour apprendre à descendre dans la paix et, comme dit le père, pour « aller jusqu'au bout du silence ». Mais quand je la boucle, je n'entends que Mental FM qui diffuse son verbiage du matin au soir. Au programme : commentaires assommants, acerbe réquisitoire contre le moment présent, hypothèses à tire-larigot, incessant vacarme, peurs…

Je commence à prier, je ferme les yeux et le tintamarre enfle. C'est rigolo comme ces rengaines obsolètes, ces vieux refrains usés et ces couplets culpabilisants reviennent dès que je *fais* silence. La consigne bien connue reste souverainement *efficace* : laisser brailler, observer tout ce qui se lève sans juger. Voir que tout ceci prend naissance dans l'esprit vaste, dans la grande marmite de la conscience. La marmite, elle, demeure intacte, rien ne saurait l'abîmer. Elle accueille tout, elle prend tout.

La conscience est comme un miroir. Si on lui présente un bijou, elle *renvoie* sa beauté sans vouloir accaparer ni rejeter quoi que ce soit. Et en présence d'une pourriture, elle se contente de la refléter sans être atteinte par ce piteux spectacle. Expérience pour le moins libératrice, qui

214

nous montre que l'esprit peut être traversé par une forte angoisse, des tremblements de terre inouïs, des tempêtes mentales énormes sans être dévasté. Finalement, aucune épreuve, aucun traumatisme ne peuvent nous détruire totalement. La marmite est drôlement résistante ! Il y a en nous une part fragile *et* invulnérable.

Des miniretraites

Laisser les craintes monter à la conscience et les regarder tranquillement disparaître. C'est la pratique qu'inlassablement je tente.

L'antenne n'est pas près de faire grève. Sans doute, Mental FM, sauf miracle, émettra jusqu'à ma mort. Comment l'entendre sans devenir dingue ? Je comprends qu'elle fait partie du décor. Un peu comme une musique d'ascenseur qui diffuse ses petits airs consternants. Que puis-je faire pour l'arrêter ? Rien ! Il suffit seulement de ne pas se laisser divertir, de gentiment la remettre à sa place mille fois par jour : « Cause tant que tu veux, aucun problème, sois vraiment la bienvenue mais ne compte pas sur moi pour t'obéir au doigt et à l'œil ! »

Un minuscule recul face à cette *crapule* de mental et c'est la détente. Dès que le poste radote l'une de ses rengaines alarmantes, j'ai envie de le lancer par la fenêtre. Vite, me débarrasser de ce fond sonore ! C'est un peu comme un squatteur qui viendrait dans notre salon. Si nous le nourrissons, comment voulons-nous qu'il décampe ? Si nous commençons à nous montrer agressifs et essayons de l'expulser *manu militari*, il y a fort à parier que le bougre fera tout pour se cramponner au canapé. Mais que se passerait-il si nous ne lui prêtions aucune attention ? Notre indifférence ou, mieux, notre détachement, ne triompherait-il pas de l'importun ?

Avec la pratique, tout lieu peut nous donner l'occasion de plonger au fond de nous-mêmes : arrêt de bus, queue dans un magasin, file d'attente, transports publics… Et ce n'est pas ces mille instruments de communication qui vont nous en empêcher. Voilà proprement une révolution : descendre en soi à la première occasion !

Au début, il peut y avoir des ratés. Même pas mal ! On ne tord pas le coup en un jour à l'hyperagitation. Quand on freine, habituellement, l'ennui rapplique en courant… Mais ça vaut le détour !

Me prescrire aussi souvent que possible des minire-traites pour rejoindre la source, et sentir qu'il y a une vie plus qu'humaine en nous, accessible ici et maintenant.

Écouter

Dans le métro coréen, les gens ne se parlent pas. Les yeux rivés à leur portable, ils jouent, mettent les voiles : direction le pays des amis virtuels. Pourtant, de même que nous avançons sur deux jambes, nous avons besoin de silence et de paroles. Sans proches à qui me confier, sans un père spirituel auprès de qui recueillir des conseils, sans une famille pour partager, rire et progresser, je deviendrais dingue. Mais comment ne pas tomber dans ce que Heidegger avait coutume d'appeler le bavardage ?

Avec mes dictionnaires coréens, j'ai bien vite compris que pour apprendre, il me fallait me taire, écouter, beaucoup écouter et faire des cures de silence. Il est tant de poisons qui nous empêchent de dialoguer. On parle trop, beaucoup trop ! La vocation de la parole est de nous rapprocher, de construire des ponts, d'éliminer les conflits, de dissoudre les malentendus et les rancunes. Rien à voir avec ce blabla qui meuble tout. La vie spirituelle c'est aussi faire bon usage de son corps : de ses oreilles, de sa bouche, de son ventre, de son sexe, de ses mains, de ses pieds.

Avec Junho, j'ai découvert la force des mots, leur poids aussi. Et il est bien des façons de se rapprocher des autres. Notre fraternité est née bien au-delà du langage.

Pour qui descend au niveau du cœur, ouvre grand les yeux et les oreilles, et s'intéresse vraiment à son prochain, une communion plus profonde est possible. Rien à voir avec ce bavardage ou cette attitude de boxeur qui considère le dialogue comme un round à remporter. On anticipe, on interprète, on devine mais on n'écoute pas.

Écouter n'est pas si évident et Jacques Lacan ne me démentira pas : « Parler c'est jouir, écouter c'est mourir. » Donc, pourquoi ne pas mourir un petit peu en prêtant l'oreille à celles et ceux qui nous entourent ? Et surtout se défaire de toute volonté de puissance, de ce désir d'avoir raison à tout prix.

Les bruits du monde

Je ne suis pas encore habitué à écouter ni à me taire. Il faut des années pour apprendre à parler, et plus encore pour arriver à se taire !

Le bodhisattva Avalokiteshvara répond en japonais au doux nom de *Kanon*. *Kan* signifie observer et *on* désigne les sons. Bref, c'est celui qui entend les cris de l'univers. Édifiant appel à pratiquer pour les autres ! Trop souvent, nous oublions que si nous nous avançons vers le salut c'est aussi pour aider, soulager les êtres.

Les jours de grande nervosité, j'invite mon fils à prêter attention aux bruits du monde : les grillons, l'ambulance, le vent, les voitures, ce cri strident dans la rue, cet enfant qui pleure, le craquement d'une porte. Cette vigilance nous décentre, nous sort de nous-mêmes et nous rend un peu plus attentifs à notre prochain !

Quel manque de goût d'associer le silence au vide, à l'ennui, au désert ! Prendre plaisir à se taire, c'est comme changer de régime, échanger la nourriture du fast-food pour des mets beaucoup plus raffinés. Et cette sensibilité s'éduque, s'éveille. Bien sûr, il y a des heures froides, noires, insipides. Mais cela vaut le détour.

Le silence est à la fois vide et plénitude, comme le fond de l'âme. Nos immondices, nos cris, nos injures et nos palabres ne l'atteignent pas. Il reste pur.

Sur le chemin, nous pouvons commencer à petites doses, par des minicures quotidiennes. Faire vœu de silence, ce n'est pas forcément la fermer une fois pour toutes mais se taire et écouter davantage.

Le noble silence

Matthieu Ricard m'a donné une édifiante leçon pour user mieux des mots. Le zen se méfie des concepts et du bavardage. Apprendre à dire l'essentiel, rester vrai en toute occasion, ne pas déguiser le réel, ça s'apprend et demande beaucoup de courage. Un jour, tandis que je me promenais avec lui, je suis resté muet et désemparé devant une femme qui nous avait reconnus. Comment ne pas sombrer dans la platitude, bégayer, baragouiner si on ne se tient pas disponible et à l'écoute ? Simplement, mon ami m'a proposé de souhaiter le meilleur à celui ou celle que je rencontrais. Effrontément, j'ai commencé par caricaturer l'exercice en proférant à tout vent des « Que la paix soit avec vous ! » pour enfin comprendre que chaque rencontre est unique et qu'elle offre la chance de renouveler un élan vers la liberté. Apprendre à transformer un banal « Bonjour » en disant : « Je vous souhaite le meilleur. Profitez à fond de la journée dans la paix, la joie et l'amour. »

J'aime qu'un bref échange dans un métro ou sur un quai de gare nous aiguille vers cette pratique. Les mots sont des armes à double tranchant. Attention à ne pas faire mal !

Un autre moine, Walpola Rahula, me prête des outils pour faire de la parole et du silence un art de vivre : « La parole juste signifie l'abstention 1) du mensonge ; 2) de la médisance et de toute parole susceptible de causer la haine, l'inimitié, la discussion, le désaccord entre individus ou groupe de personnes ; 3) de tout langage dur, brutal, impoli, malveillant ou injurieux ; et enfin 4) de tout bavardage oiseux, futile, vain et sot. Du moment où l'on s'abstient de toutes ces formes fausses et nuisibles, on doit dire la vérité, on doit employer des mots amicaux et bienveillants, agréables et doux qui aient du sens et qui soient utiles. On ne doit jamais parler négligemment mais au moment et au lieu convenables. Si l'on n'a rien d'utile à dire, on devra garder un "noble silence"[1]. » Appliquer cela naturellement et, si possible, avec spontanéité...

---

1. Walpola Rahula, *L'Enseignement du Bouddha d'après les textes les plus anciens*, Paris, Seuil, « Point Sagesses » n° 13, 1961, p. 70.

Laisser passer la calomnie

Il a suffi qu'un écorché vif crache un peu de venin sur Facebook pour que je me précipite chez le père. La cure m'a vite calmé : « Hyecheon, réjouissez-vous de ces petites calomnies, elles vous décentrent. Elles brisent les étiquettes et vous font comprendre que seul le regard de Dieu importe. »

On revient toujours à ce besoin viscéral : être apprécié, aimé, reconnu. Avec cela, l'obligation de rendre des comptes matin, midi et soir. Le père me libère d'un poids énorme : « Hyecheon, si vous fondez votre identité sur les ragots, les rumeurs et le qu'en-dira-t-on, vous n'avez pas fini de souffrir ! »

Doucement, je commence à moins courir après l'approbation pour exister : « Hyecheon, votre identité, vous la recevez de Dieu à chaque instant. Vous n'êtes ni le handicapé de service, ni l'anxieux chronique, ni toutes ces étiquettes, et pas davantage ce que vous paraissez aux yeux des autres ! Gardez constamment les yeux sur le Christ ! Tour à tour, il a été renié, trahi, abandonné. Son identité, il la reçoit du Père. »

Alors, je lui confie que je trébuche sans cesse, que je vis avec la peur de décevoir : « Vous savez, Hyecheon, plus on progresse sur la voie spirituelle, plus on s'aperçoit que l'on est des débutants, à peine maîtrise-t-on le B.A.BA. Finalement, vous projetez sur les autres un idéal que vous ne pouvez pas atteindre. Vous vous jugez. Et cela vous rend malheureux ! »

C'est dingue de donner au premier internaute venu le pouvoir de flinguer sa joie et de s'éreinter pour être compris, cajolé, dorloté par tous. Quoi que je fasse, je rencontrerai toujours sur mon chemin quelqu'un qui trouvera quelque chose à redire à ce que je suis, à ce que je fais.

Si Dieu existe, qu'est-ce qu'Il en a à faire des commérages ? De toute urgence, ne prêter aucun cas à ce qui se raconte sur nous et aller presque jusqu'à se réjouir de ces constantes invitations à se déprendre de nous !

Un Socrate coréen

La vie place sur notre chemin de bien curieux appels à la pratique. Hier, par exemple, j'ai croisé une sorte de Socrate coréen qui m'a mitraillé de questions. Et j'entends encore ma fille me glisser à l'oreille :

« Papa, tu as vu, il en est à sa septième bière !

– Huitième, chérie, mais c'est pas grave ! »

Dans le carnet de route que je tiens, je souhaite rapporter ce « banquet » un peu particulier :

« Tu es en train de me dire que tu es venu à Séoul pour apprendre la vie spirituelle, mais ça te sert à quoi ?

– Justement, à ne plus se poser ce genre de questions : ça sert à quoi ? Pourquoi ?... Juste être qui on est, sans toujours vouloir autre chose, et tant qu'à faire, être un peu plus généreux avec les autres.

– Oui, ben moi, je ferai ça quand j'aurai un super boulot et une femme canon à la maison.

– Tu peux commencer tout de suite, tu sais. Ce n'est pas un truc qu'on fait à côté.

– Oui, mais quand même ! Il y a un temps pour tout. Moi, je m'attaquerai à la vie spirituelle une fois que j'aurai une femme et un bon boulot. Et d'ailleurs, c'est quoi la vie spirituelle ?

– Commencer par être un peu plus vigilant. Souvent, je me lève le matin et aussitôt s'enclenche le pilotage automatique de mes pensées. À peine enfilé mon pantalon, je commence à courir dans ma tête. Je prends le métro, je fonce, je ne regarde même pas autour de moi, toujours braqué sur l'après…

– Si on commence à méditer, à réfléchir, on n'avance plus. Tu crois qu'à l'hôpital les médecins aux urgences, ils n'ont que ça à faire, méditer ? Parce qu'ils en sauvent des gens, eux !

– Mais méditer, ce n'est pas rester inactif, la bouche en cœur, au contraire, c'est participer au monde, être à fond dans ce que je suis en train de faire. Plus l'urgentiste s'est éloigné des projections, des émotions perturbatrices, plus il est disponible à ce qui arrive. Personnellement, quand je suis dans le brouillard, les angoisses, même surveiller ma petite au jardin d'enfants me bouffent une énergie folle et je suis à côté de la plaque. Alors tu t'imagines l'urgentiste s'il est envahi d'idées parasites ?

– Et ton urgentiste, où est-ce qu'il trouve le temps de sortir du brouillard et des émotions perturbatrices ?

– Chaque jour, un quart d'heure de pratique spirituelle, ça doit tout de même être jouable. Si on calculait le temps qu'on passe à manger, devant la télé, le temps perdu sur Facebook ou KakaoTalk… On se brosse tous les jours les dents sans se poser de questions. Mais même cinq minutes pour méditer, c'est de l'ordre du vital.

– Attends, j'ai passé ma semaine à rédiger dix CV personnalisés. J'ai répondu à des annonces, j'ai pris des cours d'anglais, tu crois sérieusement que le recruteur Samsung, celui qui peut m'assurer une carrière, se soucie de savoir si je suis sur une voie spirituelle ou pas ? Le soir, quand tu rentres chez toi complètement claqué, que la boîte aux lettres est vide comme d'habitude, là tu bénis ton frigo qui t'attend avec une bonne bière. Tu sors, tu vois des copains, tu vis quoi !

– C'est clair que, vue comme ça, la vie spirituelle paraît un peu du luxe. C'est peut-être ça l'injustice. On en a fait un truc pour les privilégiés alors que ça concerne tout le monde et surtout plus encore ceux qui triment.

– Tu ferais quoi si tu devais aligner les petits boulots, si partout on te disait qu'il faut avoir de l'argent, te marier, faire des gosses ? J'ai un copain qui a tout lâché pour devenir moine à Ceylan. À vingt-cinq ans, il s'est taillé au Sri Lanka. Je l'ai revu il y a pas longtemps, ça faisait envie. Il était calme, paisible ! Il venait de perdre sa mère et il m'a dit qu'il avait passé des journées à observer son chagrin, jusqu'à ce qu'il comprenne que sa tristesse venait d'un attachement et même pas à sa mère… Parce qu'en fait, elle, il réalisait qu'elle ne souffrait plus. Elle était tirée d'affaire ! Ce n'était pas ça le problème, le problème c'étaient les souvenirs, les regrets, les remords, le manque. Le mec, il a compris ça d'un coup. Mais tu te rends compte, pour en arriver là, il en faut des heures de vol. Tu te vois, toi, tout plaquer du jour au lendemain, fermer ton compte Facebook, mettre la clé sous le paillasson et décamper ? Je te le dis tout de suite, si je perds ma mère demain, moi je me taille les veines !

– Oui mais sans en arriver là, peut-être que le défi c'est d'oser une vie spirituelle quand ta mère va bien ! Surtout que tu es en recherche d'emploi, que tu as tes doutes, des tiraillements comme tout le monde. Tu peux t'y mettre tout de suite à mon avis.

– Et concrètement, ça donnerait quoi ? »

Assis aux côtés de cadavres de pizzas et de canettes de bière, je reçois *ma* leçon. Bien qu'à moitié ivre, mon Socrate tient la route et brise un à un mes automatismes.

Il y a toujours cette tentation de se prendre au sérieux. Qui a le monopole de la sagesse après tout ? Mon hôte me signale qu'un autre mode de vie est possible et me défend d'absolutiser mes convictions et ma pratique. Le dialogue socratique s'est poursuivi tard dans la soirée :

« Le *Soûtra du Diamant* dit que tout ce que l'on vit, c'est comme les étoiles, les mouches volantes, une goutte de rosée, une bulle, un rêve, un éclair, un nuage[1].

– Va dire ça à ton patron si tu arrives deux minutes en retard ! Essaye un peu de lui balancer le couplet de la goutte de rosée, de la bulle ou de l'éclair !

– Mais ce n'est pas une question de dire quoi que ce soit, mais juste de laisser passer, de ne pas s'accrocher. Dans la vie, on ne maîtrise pas grand-chose ! Essayer d'être un peu plus généreux… Tu peux déjà dédier ta journée aux autres, souhaiter réellement qu'ils atteignent le bonheur ! Et tu commences par ceux qui t'ont fait du mal, ceux que tu ne supportes pas et, crois-moi, ce n'est pas rien de souhaiter que ton pire ennemi, que celui qui t'en a fait voir de toutes les couleurs, ait une vie sensationnelle.

– Ça lui fait une belle jambe !

– Qui sait si, au fond, nous ne sommes pas connectés plus que ce que l'on croit. Je ne suis pas sûr qu'il va gagner au loto ou que sa vie sera considérablement meilleure, mais en tout cas, ça te lave, ça te sort du ressentiment, des blessures, des fixations. Ça te purifie le cœur. Et en plus, concrètement, tu cherches chaque jour quelqu'un qui a besoin d'un coup de main et tu n'hésites pas, tu vas l'aider pour de bon. Tu mets la main à la pâte !

– Et tu as une religion toi ?

---

1. *Cf. Soûtra du Diamant*, Paris, Fayard 2001, p. 74.

– J'essaie d'être chrétien et je pratique le zen, oui.

– Ah oui, le zen. Ça consiste en quoi au juste ? Parce que maintenant on en entend parler partout, même dans les entreprises. On te fait faire zazen et en même temps on te pousse à bosser comme un malade !

– C'est vrai qu'on a tendance à instrumentaliser le spirituel ! Mais au fond, c'est, mille fois par jour, revenir à la maison du présent. Là, maintenant, qu'est-ce que tu entends, qu'est-ce que tu vois, qu'est-ce que tu ressens ? Parfois, durant zazen, c'est sacrément long. Je voudrais être ailleurs, après. Tous ces fantômes, ces projets, ces démons intérieurs qui sautent à la gorge m'empêchent d'être juste dans le présent...

– Mais c'est super d'avoir des projets dans tous les sens. J'ai vingt-deux ans, je veux profiter, j'ai des buts, et ça me va comme ça. Je vis !

– Oui mais quand, comme moi, tu n'es pas foutu d'apprécier ce moment-là et que tu crains toujours le pire, il faut quand même ramer un peu pour être heureux !

– On est tous comme ça, c'est notre nature, non ? Accepte ton insatisfaction et profite malgré tout de la vie. On n'est pas tous des Bouddhas...

– J'aspire quand même à un autre mode de vie, moins mécanique.

– Alors c'est toi qui as des projets, et peut-être bien plus que moi ! »

Il m'avait cloué le bec, et heureusement. Ma leçon du jour : ne plus me payer de mots. Ce soir, une petite blessure : mon embarras à parler de Dieu. Je sais très bien évoquer les pratiques bouddhistes, mais la foi qui m'habite, je la tais, sauf à balbutier comme un gamin.

Désobéir à la peur

Je viens de tomber sur un article qui estime que la Corée du Sud est un pays malheureux[1]. J'ai tout de suite pensé au bon Socrate d'hier. J'y apprends qu'ici la dépression fait des ravages et qu'il faut à tout prix la cacher à son patron, voire à son entourage, sous peine d'être licencié ou socialement exclu. Mais comment nous en sortir si, par-dessus le marché, nous devons dissimuler ce qui nous ronge ?

Les grands saints et les maîtres ne s'encombrent pas de mille et une questions. Ils avancent, c'est tout. Je suis plus que jamais convaincu que notre mal-être est un symptôme, non une fatalité, un signal d'alarme à écouter sérieusement. Quand la maison intérieure crame de toute part, ne pas s'agiter en tous sens et, au lieu de faire taire les sirènes qui nous avertissent du danger, tout de suite appeler les pompiers et aller chercher les bidons d'eau !... Autrement dit, ne pas spéculer mais agir. Un tiraillement intérieur atteste toujours d'un danger, agissons avant que tout ne soit brûlé.

---

1. JoongAng Ilbo, *Korea joongang daily*, 18 septembre, p. 34.

Sur la question de Dieu, je subis encore trop d'influences… Je lis des ouvrages de théologie sans oser un dialogue direct avec le Très-Haut. Lorsque j'observe le monde, je suis sûr qu'il y a *autre chose*. Non pas un ailleurs, mais une vie en plénitude dès ici-bas dont je me coupe. Il demeure tant de poussières, de bigoteries, de mièvres et fausses certitudes qui entachent les Évangiles qu'il est difficile de me jeter sans préjugés sur la voie du Christ.

Je dois l'avouer, mon amour pour Dieu, qui pourrait coïncider avec un *dire oui* joyeux à l'existence et une liberté inouïe, traîne parfois un peu les pieds !

Pour vivre sans pourquoi, je dois tendre l'oreille à chaque instant et me libérer de tout esprit de sérieux. Écouter Dieu en famille, au travail, à l'heure du désespoir et dans les moments d'allégresse… Écouter Dieu au motel avec Junho dans nos éclats de rire sous la douche. Écouter Dieu en jouant au Lego avec Augustin. D'ailleurs, ce matin, il m'a délivré une véritable leçon de zen. Tandis que je courais comme un dératé pour le rattraper, il m'a lancé : « Papa, rigole pas, on joue ! » Qui pourrait mieux dire le paradoxe qui me fait vivre : agir et s'abandonner, se détacher et aimer son prochain ? Partout, le mystère nous rend visite. Le vent souffle où il veut.

Dieu n'est pas un fatras conceptuel, un gros machin. D'ailleurs saint Thomas d'Aquin parle de la simplicité de Dieu[1]. Or, le mental l'assaisonne à son gré pour nous couper d'une relation saine à la transcendance.

---

1. Saint Thomas d'Aquin, *La Simplicité de Dieu*, in *Somme théologique*, question III, Paris, Cerf, 1984-1986.

Aller vers Dieu, c'est
se libérer de soi
et du qu'en-dira-t-on
pour aimer, grandir.
C'est désobéir à la peur,
à la colère, à l'égo
et aux passions.

Dès que je me tue à tout maîtriser, je souffre. L'écrivain Jack Kornfield, dans son livre *Bouddha mode d'emploi*[1], m'aide à me jeter en Dieu sans calcul quand il rapporte les paroles d'Ajahn Chah, un grand maître de méditation du xxᵉ siècle : « Si vous lâchez un peu prise, vous aurez un peu de paix. Si vous lâchez prise davantage, vous aurez davantage de paix, et si vous lâchez complètement prise, votre cœur sera libre quoi qu'il arrive[2]. » Alors, qu'est-ce que j'attends, bon sang ?

C'est l'extraordinaire logique des Évangiles : « Celui qui veut marcher à ma suite, qu'il renonce à lui-même, qu'il prenne sa croix chaque jour, et qu'il me suive. Car celui qui veut sauver sa vie la perdra mais celui qui perdra sa vie pour moi la sauvera[3]. »

J'ai détesté ce verset tant il semblait contenir la quintessence de tout ce qui nous mine : la méchante culpabilité, l'incapacité à se réjouir, le dolorisme et le sacrifice d'une vie pleine et joyeuse. Aujourd'hui, c'est mon mantra, ma locomotive. Par mon volontarisme, et mes calculs spirituels, je veux sauver ma peau.

Saint Luc vient tout briser. Arrêtons de renoncer au bonheur et délivrons-nous du malheur en disant, là, tout de suite, adieu aux vieilles habitudes, aux plans sur la comète, au pessimisme, à l'aigreur et à l'idée même de péché ! Bienheureux celui qui ose le pas et adhère sans condition à la bande des « sans-pourquoi »[4] là où

---

1. Paris, Belfond, 2011.

2. Jack Kornfield, *Bouddha mode d'emploi*, Paris, Belfond, 2011, chap. 16.

3. Luc 9,18-24.

4. Au xiiiᵉ siècle, Béatrice de Nazareth (1200-1268) lance le mode de pensée des « sans-pourquoi », ce sera la signature du mouvement des Béguines, qui aiment simplement, sans pourquoi et sans médiateur.

on ne se regarde plus le nombril, là où on ne calcule plus, là où on se donne tout entier et où l'on aime sans mesure !

Si le silence est si important dans la vie spirituelle, c'est qu'il donne l'occasion de se déprendre de tout et d'oser voir ce qui se passe. Lâcher le corps, le mental, les rôles, les discours. Prier, c'est se taire, écouter et rire. Rire de ses pulsions, de ce moi qui veut toujours prendre la parole. Rester doucement attentif. Lorsque la fatigue, les préoccupations se font trop lourdes, je me jette sur mon lit et je meurs avec joie à tout, je m'abandonne, je laisse l'Alexandre qui panique, pour renaître neuf. Et que de fois, j'ai dû mentir : « Je dois aller aux cabinets, je reviens tout de suite. » En réalité, j'allais flinguer ce moi boulet, mourir tout entier pour ressortir plus vivant des toilettes.

Au bout d'un moment, on peut franchir le pas et se demander ce qui gouverne sa vie : le qu'en-dira-t-on, la soif de plaire ou l'appel de Dieu qui murmure à chaque instant au fond de nous ? Se libérer, c'est rejoindre cette source et agir à partir d'elle.

Hier, dans le métro, j'ai à nouveau aperçu un clochard. À deux doigts de lui donner un billet, j'ai lâchement renoncé. La rame était bondée et l'élan de mon cœur a été stoppé net par tous ces yeux anonymes. Je ne reverrai sans doute jamais ces badauds. Malgré tout, ils conditionnent mes faits et gestes. Aller vers Dieu, c'est écouter le fond du fond, pas le mental, ni le moi social, la surface, ni même la morale. Se libérer de soi et des autres pour aimer, grandir. C'est désobéir à la peur, à la colère, aux passions, à l'ego. Douce désobéissance à la violence, aux préjugés, à la bêtise. J'ai toujours lu ainsi la drôle de parole de Jésus : « Ne croyez pas que je sois venu apporter la paix sur la terre : je ne suis pas venu apporter la paix, mais le glaive[1]. » Il faut un glaive, un diamant très tranchant pour couper tous les attachements et décapiter les idoles, les illusions, les projections, pour enfin oser voir le monde tel qu'il est.

C'est fou, toutes ces idées, ces malentendus qui nous empêchent de descendre dans la vie comme elle va. Je passe mon temps à me poser des questions, à m'interroger sur le comment et le pourquoi des choses. Un enfant ou un sage s'en moquerait… Parfois, je me dis que Dieu m'a créé et qu'il a plutôt bien fait son boulot, alors pourquoi se casser la tête à rédiger une sorte de mode d'emploi ? Vivre sans pourquoi, c'est tout.

---

1. Mt 10,34.

Il faut un glaive, un diamant
très tranchant pour couper
tous les attachements et décapiter
les idoles, les illusions,
pour oser enfin voir le monde
tel qu'il est.

Conclusion

Les mots d'un ami coréen me remettent d'aplomb : « Pour l'ego, tout est souffrance ! » Accepter de vivre sans pourquoi, c'est renoncer à trouver le remède dans le mental et prendre conscience, une bonne fois pour toutes, que l'ego est *conditionné* pour s'inquiéter et ruiner à chaque occasion la paix et la joie.

Par quelle instrumentalisation de la spiritualité en sommes-nous arrivés à vouloir méditer pour un mieux-être, pour le confort et la sécurité ? Ici-bas, tout grince et grincera sans doute jusqu'à notre dernier souffle. Cependant, je perçois qu'une autre vie est possible. Non sans trouble, mais à côté des tourments.

Malgré une agitation inouïe, j'ai passé les premières heures de la journée dans une profonde paix. Il a suffi que le peigne de ma fille termine sa course au fond de son oreille pour que, ce matin, Victorine se retrouve à l'hôpital : tympan perforé, osselet déplacé. Cher payé pour sa petite maladresse ! Résultat : une heure d'opération sous anesthésie générale. Une nouvelle fois, la souffrance et la fragilité du monde me désarment, tout comme la vanité des appuis que je cherche encore et toujours à l'extérieur… En attendant le coup de fil de ma femme – qui m'annoncera sûrement que tout va bien –, j'essaie d'appliquer la vie sans pourquoi. D'instinct, j'ai pris le balai pour faire de l'ordre, trier les ordures, nettoyer la maison. J'ai quitté des yeux le téléphone pour m'abandonner totalement à la confiance. Que faire d'autre ? Alors j'ai médité, prié et rangé les sacs-poubelles.

Une demi-heure s'écoule, puis une deuxième, puis encore une autre. Toujours rien, aucune nouvelle ! Je décide de m'allonger et de dédier ma pratique à tous les enfants qui souffrent à l'instant et je regarde passer les nuages, les scénarios catastrophes, la peur, l'impatience.

Un message de Corine me délivre. C'est bon ! Je peux foncer à l'hôpital où je retrouve une Victorine affaiblie, une main sur l'oreille. L'opération s'est bien déroulée et, tandis que ma fille se réveille petit à petit, j'observe autour de nous les brancards, les civières. Une femme gémit, des médecins accourent, un petit garçon semble dans un état grave. La précarité de l'existence s'impose à nos yeux. Devant mon impuissance, tout me porterait à la révolte, à la colère, voire à une amertume. J'ai envie de crier vers le ciel : « Pourquoi cette souffrance gratuite ? » Victorine somnole.

Et dire qu'il a fallu, il y a cinq ans, que je tombe par hasard sur une émission pour me retrouver aujourd'hui au septième étage de cette usine sud-coréenne qui répare les êtres. Si je n'avais pas écouté la radio ce jour-là, intrigué par ce prêtre qui parlait du zen, Victorine n'aurait pas en cet instant la main sur son oreille et nous n'aurions pas eu l'audace de rejoindre la bande des « sans-pourquoi ». Je repense à la vocation de notre voyage : quitter la dictacture de l'après, se former, se libérer, descendre au fond du fond pour se donner encore davantage aux autres, aux plus démunis, aux premiers venus.

François, le copain de mon fils, vient d'arriver. Avec lui, nous courons, nous jouons à cache-cache, nous nous perdons dans les immenses ascenseurs, nous rions aux éclats. La joie tragique d'une vie sans pourquoi m'envahit et l'ego semble s'être éclipsé pour un moment. Tout est à sa place : « Papa, rigole pas, on joue ! »

Une fille à la tête bandée, un infirme moteur cérébral, frère François et son papa s'engouffrent dans un taxi pour rentrer au bercail. Cette fois, nous l'avons échappé belle. La vie, cet immense cadeau, ne se mérite pas. Rien ne nous est dû ! La colère, la haine et les rancunes devraient s'effacer devant ce miracle quotidien. L'allégresse et la profonde gratitude réveillées par ce petit accident me donnent un nouvel entrain pour pratiquer et poursuivre la route. Une vie sans pourquoi peut dangereusement tourner en rond. Cesser d'être rivé au futur, ne plus se laisser conditionner par le regard de l'autre, habiter le présent, se jeter totalement en Dieu, d'accord !

À l'heure de clore ce journal, je me dis que cet itinéraire coréen n'est qu'une étape, qu'il me faut oser un plus grand saut : *se consacrer* totalement à Dieu et prendre part, corps et âme, à ce bien curieux festin : « Quand tu donneras un déjeuner ou un dîner, n'invite pas tes amis, ni tes frères, ni tes parents, ni tes riches voisins ; sinon, eux aussi t'inviteraient en retour, et la politesse te serait rendue. Au contraire, quand tu donnes un festin, invite des pauvres, des estropiés, des boiteux, des aveugles ; et tu seras heureux, parce qu'ils n'ont rien à te rendre : cela te sera rendu à la résurrection des justes[1]. »

1. Luc 14,12-14.

Bibliographie succincte

La Bible Osty, traduction Osty et Trinquet, Paris, Seuil, 1973.

Jacques Castermane, *Comment peut-on être zen ?*, Paris, Poche Marabout, 2013.

Saint Jean Climaque, *L'Échelle sainte*, Abbaye de Bellefontaine, 2007.

Philippe Cornu, *Dictionnaire encyclopédique du bouddhisme*, Paris, Seuil, 2001.

Claude Durix, *Cent clés pour comprendre le zen*, Paris, Le Courrier du Livre, 1991.

L'Ecclésiaste, *Un temps pour tout*, traduction Ernest Renan, Paris, Arléa, 1990.

Suzanne Eck, *« Jetez-vous en Dieu ». Initiation à Maître Eckhart*, Paris, Cerf, 2011.

Les Évangiles, *Les Quatre*, traduction sœur Jeanne d'Arc o.p., Desclée de Brouwer, Paris, 2011.

Fa-hai, *Le Soûtra de l'Estrade du Sixième Patriarche Houei-neng*, Paris, Seuil, « Points Sagesses » n° 99, 1995.

Julien Green, *Frère François*, Paris, Seuil, [1983] 1991 ; « Points Sagesses » n° 325, 2007.

Etty Hillesum, *Une vie bouleversée*, Paris, Seuil, 1985.

Jean XXIII, *Journal de l'âme. Écrits spirituels*, Bourges, Cerf, 1964.

J.K. Kadowaki s.j., *Le Zen et la Bible*, Paris, Albin Michel, 1992.

Enomiya Lassalle s.j., *Méditation zen et prière chrétienne*, Paris, Albin Michel, 1994.

Maître Eckhart, *Discours du discernement*, Paris, Cerf, 2003.

Maître Eckhart, *Les Sermons*, Paris, Albin Michel, 2009.

Maître Eckhart, *Les Traités et le Poème*, Paris, Albin Michel, 2011.

Éric Mangin, *Maître Eckhart ou La Profondeur de l'intime*, Paris, Seuil, 2012.

Le Nouveau Testament, traduction Osty et Trinquet, Paris, Seuil, « Points Sagesses » n° 15 / Siloë, 1974.

Walpola Rahula, *L'Enseignement du Bouddha d'après les textes les plus anciens*, Paris, Seuil, coll. « Point Sagesses » n° 13, 1961.

Matthieu Ricard, *Plaidoyer pour l'altruisme*, NiL Éditions, Paris, 2013.

Sekkei Harada Rôshi, *L'Essence du Zen*, Noisy-sur-École, Budo, 2013.

Les Sentences des Pères du désert, Solesmes, 1976.

Angelus Silesius, *Le Voyageur chérubinique*, Paris, Rivages poche, 2004.

Cyprian Smith, *Un chemin de paradoxe*, Paris, Cerf, 1997.

Soûtra du Diamant, Fayard, Paris, 2001.

Remerciements

Vivre sans pourquoi, c'est essentiellement vivre grâce aux autres.

Un merci du fond du cœur à mon maître spirituel, le père Bernard, à ma femme Corine et à mes enfants Victorine, Augustin et Céleste qui m'aident jour après jour à grandir dans la paix, la joie et l'amour, à Romina Astolfi pour ses conseils éclairés, son amitié et son soutien inconditionnel et constant, à ma mère et mon frère. Merci à Junhwa pour sa sagesse espiègle, merci à Guillaume Jeanmair, Pierre Avril, Thomas Lee, Nathalie Lee-Coyez, Frédéric Ojardias, Raphaël Bourgeois, la communauté Tolbat Kongdongch'e, l'université de Sogang, Roshi Beopkyeong et l'association seon way, Chun Koo Il et Min Youg Il pour m'avoir accueilli au Pays du matin frais.

Merci à Bernard Campan, Joachim Chappuis, Kim May et Geneviève Frei, mes amis dans le bien qui m'épaulent dans les hauts et les bas de l'existence et me font goûter, jour après jour, l'amour inconditionnel.

Je veux dire ici toute mon amitié et ma reconnaissance à Christophe André, Matthieu Ricard, Frédéric Lenoir, André Comte-Sponville.

Merci à Caritas pour sa confiance et son soutien qui m'ont permis de réaliser mon rêve.

Merci à Joseph Aguettant, Jean-Philippe Barras, Abdennour Bidar, Isabelle Binggeli, Jason Borioli, Ruth Bovay, Jean-Claude Buhrer, Pierre Carruzzo, Jacques Castermane, Pierre Constantin, Laurent Crampon, Yannick Diebold, Jean-Marc Richard, Jean Frey, Gilles Genin, André Gillioz, Marc Lavoine, Riccardo Lufrani, Xavier Maly, Éric Mangin, Firmin Manoury, Étienne Parrat, Philippe Pozzo di Borgo, Line Ramel, Frédéric et Nathalie Rauss, Nathalie Rey, Dominique Rogeaux, Olivier Rogeaux, Jon Schmidt, Emmanuel Tagnard, Frédéric Théry, Yvette Tomassacci, Stefan Vanistendael, Olivier-Thomas Venard.

Si je peux aujourd'hui jouir de la vie sous le soleil de Corée, c'est grâce à Pierre Ducrey, Philippe Furrer, Sookye Gremaud, Kim Miji, Kim Minhye et ses parents, Luc Recordon, Gaudenz Silberschmidt, Lee Yeonge. À eux, toute ma profonde gratitude. Un immense merci à la famille Mauvernay pour son amitié et son soutien.

Merci à mes éditeurs Sophie de Sivry, Olivier Bétourné, Jean-Claude Guillebaud, Marie Lemelle-Ligot, Catherine Meyer, Anne Ducrocq, Jérôme Tabet et Léopold Adam qui m'ont, plus d'une fois, sorti de bien des tourments et grâce à qui ce livre a vu le jour. Un grand merci à Émilie Houin.

Je remercie également l'Étoile sonore, le GIAA et la BSR sans qui je ne pourrais pas lire.

Enfin, j'ai à cœur de dire un immense merci à toutes celles et ceux qui me font l'amitié de me lire et qui donnent une vocation à ma vie.

www.alexandre-jollien.ch

À la mémoire d'Anne-Marie Robyr

Table

RÉALISATION : NORD COMPO À VILLENEUVE-D'ASCQ
IMPRESSION : CPI FRANCE
DÉPÔT LÉGAL : JANVIER 2017. N° 134658-7 (3040106)
IMPRIMÉ EN FRANCE

Éditions Points

DERNIERS TITRES PARUS